供电企业常见法律纠纷

案例评析

电网规划与工程前期类

刘慧　编著

中国电力出版社
CHINA ELECTRIC POWER PRESS

图书在版编目（CIP）数据

供电企业常见法律纠纷案例评析. 电网规划与工程前期类/刘慧编著. —北京：中国电力出版社，2020.6（2023.3重印）

ISBN 978-7-5198-4407-3

Ⅰ.①供…　Ⅱ.①刘…　Ⅲ.①供电－工业企业－经济纠纷－案例－中国②电网－电力工程－经济纠纷－案例－中国　Ⅳ.①D922.297.5

中国版本图书馆 CIP 数据核字（2020）第 035465 号

出版发行：中国电力出版社
地　　址：北京市东城区北京站西街 19 号（邮政编码 100005）
网　　址：http://www.cepp.sgcc.com.cn
责任编辑：王　欢　杨敏群
责任校对：黄　蓓　李　楠
装帧设计：郝晓燕
责任印制：钱兴根

印　　刷：三河市百盛印装有限公司
版　　次：2020 年 6 月第一版
印　　次：2023 年 3 月北京第二次印刷
开　　本：710 毫米×1000 毫米　16 开本
印　　张：13
字　　数：195 千字　2 插页
定　　价：45.00 元

　　电网工程项目属于立体、线性工程，涉及范围大、影响面广，需要办理的行政许可、行政审批事项较多，流程较长。我国 2018 年开展工程建设项目审批制度改革以来，电网工程项目涉及的行政审批环节和流程不断优化，但是与普通的基建项目相比，电网工程项目总体数量相对较少，政府部门审批电网工程项目的专业化程度相对较弱，仍需要供电企业加强沟通和协调，以确保项目环环相扣，顺利推进。

　　从外部影响看，电网规划和工程前期所涉及的法律案件大多为行政诉讼案件。如果电网工程项目的行政许可或行政审批环节出现争议或诉讼，通常情况下利益相关人会起诉作出行政许可的审批机关，要求撤销行政许可。在此类案件中，供电企业作为项目业主可能会作为行政许可的利害关系人被列为第三人，从而卷入诉讼。在撤销行政许可的诉讼中，虽然被告多数为实施行政许可的行政机关，但行政许可的不确定性将直接影响电网工程项目建设的合法性以及工程进度，案件的诉讼结果对项目的建设也将产生直接的影响。

　　从内部管理看，供电企业不作为电网规划和工程前期行政案件的直接被告，且相关的行政诉讼是否将供电企业作为第三人也具有不确定性，因此规划、建设和法务等供电企业内部职能部门参与相对较少。法务部门一般也不把该类案件纳入案例评析管理体系，针对电网规划和工程前期专业所出具的法律意见书、建议书也相对较少，容易产生管理上的空白和盲区，因此更需要准确的法律指引。

　　《供电企业常见法律纠纷案例评析（电网规划与工程前期类）》与已出版的《县级供电企业常见法律纠纷案例评析（营销、农电类）》《供电企业常见法律纠纷案例评析（人资管理类）》《供电企业刑事案例分析与风险防范》《供电企业常见法律纠纷案例评析（招标投标、合同管理类）》同属一个系列，基本的编写思路是通过真实的案例分析，结合工作实际找到存在的风险点，加强日常基础管理，深化专业防范控制，不断提高供电企业电网规划、工程前期的工作质量和效率。

本书所摘取的案例均来自可公开查询的"裁判文书网"。为方便阅读，本书对工程项目常见法律纠纷，以前期和开工为界限。本书为前期工作的常见法律纠纷解读，包括项目选址和用地预审、社会稳定风险评估、项目核准、环境影响评价、建设用地规划许可、征地与拆迁、建设工程规划许可、信息公开与信访。本书读者对象为工程建设相关从业人员。为便于读者更好地了解案情的来龙去脉，每个案例都标明了案号。读者如果认为案情简介不够到位，可以通过网络查找到有关判决书，详尽了解案件细节。

限于编者水平，本书难免存在不足之处，敬请读者批评指正。

刘　慧

2019 年 12 月

目 录

第一章　规划与前期政策概述

第一节　工程建设项目审批制度改革概述

工程建设项目审批制度改革是党中央、国务院在新形势下作出的重大决策，是推进政府职能转变和深化"放管服"改革、优化营商环境的重要内容。近年来，全国各地深入推进"放管服"改革，在促进社会各阶层办事创业，有效降低制度性交易成本，加快转变政府职能和工作作风等方面取得了明显成效，但是工程建设项目审批手续多、办事难、耗时长等问题仍比较突出。在工程建设项目审批制度改革前，建设项目从立项到竣工，行政审批及备案事项涉及 20 多个政府机构，审批性环节30 多个，要求企业提供材料 200 余项，审批手续烦琐，审批要件繁杂，审批环节多，审批周期长。2017 年我国在世界银行《全球营商环境报告》中整体排名第 78 位，其中"办理建筑许可"指标位列第 172 位，在 10个评价指标排序中列最后。

2018 年 1 月国务院常务会议部署，要求住房和城乡建设部牵头负责提升办理建筑许可指标排名专项行动，推进工程建设项目审批制度改革。2018 年 3 月 5 日，李克强总理在《政府工作报告》中明确提出"工程建设项目审批时间再压减一半"的要求。2018 年 6 月，李克强总理在全国深化"放管服"改革转变政府职能电视电话会议上明确要求，"五年内工程建设项目从立项到竣工验收全流程审批时间压减一半"。2018 年 5 月14 日，国务院办公厅下发了《关于开展工程建设项目审批制度改革试点的通知》，决定在北京市、天津市、上海市、重庆市、沈阳市、大连市、南京市、厦门市、武汉市、广州市、深圳市、成都市、贵阳市、渭南市、延安市和浙江省等 16 个地区开展工程建设项目审批制度改革试点。试点地区按照国务院部署，对工程建设项目审批制度实施了全流程、全覆盖改革。

一、工程建设项目审批制度改革的指导思想

在试点改革的基础上，2019 年 3 月 13 日，国务院办公厅下发《关于全面开展工程建设项目审批制度改革的实施意见》（国办发〔2019〕11号，以下简称《意见》）。《意见》指出，工程建设项目审批制度改革的指

导思想是：以习近平新时代中国特色社会主义思想为指导，深入贯彻党的十九大和十九届二中、三中全会精神，坚持以人民为中心，牢固树立新发展理念，以推进政府治理体系和治理能力现代化为目标，以更好更快方便企业和群众办事为导向，加大转变政府职能和简政放权力度，全面开展工程建设项目审批制度改革，统一审批流程，统一信息数据平台，统一审批管理体系，统一监管方式，实现工程建设项目审批"四统一"。

二、工程建设项目审批制度改革的目标

《意见》要求对工程建设项目审批制度实施全流程、全覆盖改革，提出工程建设项目审批制度改革的目标为：2019 年上半年，全国工程建设项目审批时间压缩至 120 个工作日以内，省（自治区）和地级及以上城市初步建成工程建设项目审批制度框架和信息数据平台；到 2019 年年底，工程建设项目审批管理系统与相关系统平台互联互通；试点地区继续深化改革，加大改革创新力度，进一步精简审批环节和事项，减少审批阶段，压减审批时间，加强辅导服务，提高审批效能。到 2020 年年底，基本建成全国统一的工程建设项目审批和管理体系。

第二节 电网工程建设项目政府审批流程精简概况

一、政策依据

1. 国务院办公厅《关于全面开展工程建设项目审批制度改革的实施意见》（国办发〔2019〕11 号）

精简审批环节。精简审批事项和条件，取消不合法、不合理、不必要的审批事项，减少保留事项的前置条件。下放审批权限，按照方便企业和群众办事的原则，对下级机关有能力承接的审批事项，下放或委托下级机关审批。合并审批事项，对由同一部门实施的管理内容相近或者属于同一办理阶段的多个审批事项，整合为一个审批事项。转变管理方式，对能够用征求相关部门意见方式替代的审批事项，调整为政府内部协作事项。调整审批时序，地震安全性评价在工程设计前完成即可，环

境影响评价、节能评价等评估评价和取水许可等事项在开工前完成即可；可以将用地预审意见作为使用土地证明文件申请办理建设工程规划许可证；将供水、供电、燃气、热力、排水、通信等市政公用基础设施报装提前到开工前办理，在工程施工阶段完成相关设施建设，竣工验收后直接办理接入事宜。试点地区要进一步精简审批环节，在加快探索取消施工图审查（或缩小审查范围）、实行告知承诺制和设计人员终身负责制等方面，尽快形成可复制可推广的经验。

2. 自然资源部《关于推进建设用地审批和城乡规划许可"多审合一"改革的通知（征求意见稿）》（2019 年 4 月 17 日）❶

整合建设项目用地预审和规划选址

用地预审权限在省级以下自然资源主管部门的，可以将建设项目用地预审意见和选址意见书合并为建设项目用地预审意见（选址意见书），实行"一表申请、一窗受理、合并办理"。省级自然资源主管部门可以根据实际情况，确定用地预审和选址意见合并办理的层级和权限，以及统一受理和发放的部门。

用地预审权限在自然资源部的，建设单位可以一并向地方自然资源主管部门提出用地预审和选址意见书的申请。由自然资源部核发用地预审意见，地方自然资源主管部门核发选址意见书，建设单位可以自行选择一并或单独向地方自然资源主管部门领取。部将结合法律法规的修订，适时下放用地预审权限。

使用已批准建设用地进行建设的项目，不再办理用地预审；确需办理选址意见书的，向地方自然资源主管部门申请。

统筹建设用地供应管理和建设用地规划许可

以划拨方式取得国有土地的，将国有土地划拨决定书、建设用地批准书和建设用地规划许可证整合，实行"一表申请、一窗受理、同步办理"。建设单位向所在地的市、县自然资源主管部门一并提出划拨用地和建设用地规划许可证的申请，由市、县自然资源主管部门一并受

---

❶ 至本书成稿，尚未查询到该文件正式稿，但相关精神已落实到各地的具体操作中。读者可自行跟进相关信息。

理、办理和核发建设用地批准书、国有土地划拨决定书和建设用地规划许可证。

以出让方式取得国有土地的，市、县自然资源主管部门应依据详细规划编制土地有偿使用方案，经依法批准后组织土地供应，将规划条件纳入国有建设用地使用权出让合同。建设单位在签订国有建设用地使用权出让合同后，有关自然资源主管部门应向建设单位同步核发建设用地批准书和建设用地规划许可证。

优化建设工程规划许可

落实工程建设项目审批制度改革的要求，支持市、县自然资源主管部门推行建设工程设计方案联合审查机制，将可以用征求相关部门意见方式替代的审批事项，调整为政府内部协作事项，各相关部门不再单独进行审查。对用地要求明确、规划条件确定的项目，带建设工程设计方案出让土地的项目，用地预审后选址和规模等无变化的项目，支持市、县自然资源主管部门探索将土地供应、建设用地规划许可证和建设工程规划许可证同步办理。

二、要点简析

（一）电网工程项目规划、前期工作涉及的政府职能有所调整

2018年3月，根据第十三届全国人民代表大会第一次会议批准的国务院机构改革方案，将住房和城乡建设部的城乡规划管理职责整合，组建中华人民共和国自然资源部；将中华人民共和国住房和城乡建设部的自然保护区、风景名胜区、自然遗产、地质公园等管理职责整合，组建中华人民共和国国家林业和草原局，由中华人民共和国自然资源部管理。

（二）电网工程项目审批全过程阶段划分有调整

此次改革要求合理划分审批阶段，将工程建设项目审批流程主要划分为立项用地规划许可、工程建设许可、施工许可和竣工验收四个阶段。其中，立项用地规划许可阶段主要包括项目审批核准、选址意见书核发、用地预审和用地规划许可证核发等。工程建设许可阶段主要包括设计方案审查和建设工程规划许可证核发等。施工许可阶段主要包括设计审核

确认和施工许可证核发等。竣工验收阶段主要包括规划、土地、消防、人防、档案等验收及竣工验收备案等。其他行政许可、强制性评估、中介服务、市政公用服务以及备案等事项纳入相关阶段办理或与相关阶段并行推进。每个审批阶段确定一家牵头部门，实行"一家牵头、并联审批、限时办结"，由牵头部门组织协调相关部门严格按照限定时间完成审批。

（三）各地关于项目前期和工程前期的具体流程均有所调整

自工程建设项目审批制度改革以来，全国各地关于项目前期和工程前期的具体流程均有所调整。

1. 整合建设项目用地预审和规划选址

对建设项目选址意见书和用地预审意见审批层级一致的，在发放《建设项目用地选址意见书》时，将选址红线图、预审意见作为《建设项目用地选址意见书》的附件一并发放。对建设项目选址意见书和用地预审意见审批层级不一致的，建设单位一并向审批部门提出用地预审和选址意见书的申请，依据审批层级分别发放《建设项目用地选址意见书》和用地预审意见，由建设单位选择一并或单独领取。

2. 整合建设用地供应和建设用地规划许可

以划拨方式取得国有土地使用权的，建设单位向所在市、县自然资源主管部门一并提出建设用地和规划许可申请，经县级以上人民政府审批后，办理《国有土地划拨决定书》时，一并核发建设用地批准书、建设用地规划许可证。以出让方式取得国有土地使用权的，市、县自然资源主管部门依据控制性详细规划确定规划条件，将规划条件纳入国有建设用地使用权出让合同，在签订《土地出让合同》后，一并核发建设用地批准书、建设用地规划许可证。

3. 优化建设工程规划许可

建设单位在申请使用土地时，一并提交经审查符合要求的建设工程设计方案或修建性详细规划，对以划拨方式取得国有土地的，在建设单位取得《国有土地划拨决定书》后，一并核发建设用地批准书、建设用地规划许可证、建设工程规划许可证；对以出让方式取得国有土地的，在建设单位签订《土地出让合同》、缴清土地出让价款后，同步核发建设用地批准书、建设用地规划许可证和建设工程规划许可证。

第三节　供电企业优化营商环境的主要措施

一、落实供电业扩报装提前到开工前办理

作为关系国计民生的大型公共服务企业，供电企业在党和国家事业发展中肩负着重要责任和使命，各项工作与人民群众生产生活密切相关。《意见》要求"将供水、供电、燃气、热力、排水、通信等市政公用基础设施报装提前到开工前办理，在工程施工阶段完成相关设施建设，竣工验收后直接办理接入事宜"。

为贯彻落实改革要求，各地供电企业坚持以客户为中心，不断优化营商环境，构建新形势下透明公开、智能高效的业扩报装新模式。国家电网系统全面实行 10（20）千伏及以上大中型企业客户办电环节精简至 4 个，10（20）千伏客户电力接入平均总时长压减至 40 个工作日以内；推广低压小微企业客户办电环节压减至 2 个，电力接入平均总时长压减至 17 个工作日以内，供电企业投资到表箱。深化业扩项目储备管理，打通与政府项目线上审批平台的数据接口，推动实现项目立项信息线上推送，通过建立项目用电需求储备库，指导科学规划电网和优化建设时序，快速开展布点补强，消除电网瓶颈，满足业扩储备项目快速接入。全面推行 10（20）千伏客户供电方案现场立答，对于确因电网受限影响用户接入的，实行"先接入、后改造"或过渡方案接入，同步纳入电网受限负面清单整改管理，按照相关时限要求完成配电网建设改造工作。

如笔者所在的供电公司，将高压业扩全过程划分为供电方案答复、电网配套工程建设、客户受电工程建设和装表接电 4 个业务环节，每个环节按照环环相扣的原则，再细分为 22 个子环节，每个子环节设置时限标准，并明确预警阈值和告警阈值。在跨专业信息互通的基础上，开发业扩全流程管控平台的预警功能，实现指标数据自动采集。由供电服务指挥中心、各专业管理部门负责根据管控平台的预警信息，实时监控业扩报装各环节工作进度，并支持通过短信推送、工作督办单等方式发起预警督办流程至业务办理人员，被催办人员根据督办信息核实处理并反馈，预警环节完成后系统自动对该异动进行销号。通过系统管控不断加

快业扩项目进度，以确保工程项目竣工后可以迅速办理接入事宜。

二、推行电网工程建设项目并联审批事项

为加快电力基础设施建设，深化"最多跑一次"改革要求，推进项目审批减环节、减材料、减时限，各地供电企业配合当地政府不断优化电网基建项目审批制度和流程改革，为电网工程项目前期和工程前期的审批流程优化作了大量卓有成效的工作。

笔者所在的供电公司促成当地发展和改革委员会、自然资源和规划局、营商环境建设办公室、住房和城乡建设局、水利局、交通运输局、生态环境局等7个部门与供电公司联合下发了《电网基建项目审批便利化实施方案》，以不断优化审批流程，加快电网工程项目进度。

第二章 项目选址和用地预审

第一节 项目选址意见书分级审批，申领前应作前期论证

一、参考案例

案例 1：输变电工程取得建设项目选址意见书，建设项目具有合法性

案号：（2019）皖 18 民终 224 号

2016 年，因某市东南部乡镇用电需要，该省电力公司拟在该地区建设输变电线路，由被告供电公司建设。2018 年 3 月，输变电工程开始施工，该工程占用原告孙某承包地约 0.0945 亩（63 平方米）。孙某向一审法院起诉请求判令供电公司、村委会立即停止违法占用孙某承包土地的行为。

一审法院认为，供电公司与该地区镇政府签订供地协议书，已取得涉案土地使用权，且建设项目经过该市发展改革委批复并取得建设项目选址意见书，该项目建设行为具有合法性。判决驳回孙某的诉讼请求。

二审法院于 2019 年 4 月 11 日向市自然资源和规划局核实了省人民政府城乡建设用地增减挂钩批复原件，又调取了土地勘测定界技术报告书、2016 年市第一批次城乡建设用地增减挂钩试点项目建新区面积汇总表各 1 份，制作询问笔录 1 份，并组织各方当事人对上述证据进行质证。

二审法院认为，供电公司与镇政府签订了供地协议并支付了土地补偿款，建设项目经过市发展改革委批复并取得建设项目选址意见书，且讼争土地经过省人民政府批复由农用地转为建设用地，用于公共基础设施建设，案涉工程项目用地符合法律规定，供电公司在该土地上建设项目的施工行为无明显不当。判决驳回上诉，维持原判。

案例 2：未办理用地手续占用土地修建办公用房，引发行政处罚纠纷

案号：（2018）黔 0521 行审 78 号

2017 年 10 月，被申请人某供电所未办理用地手续占用土地修建办公用房。经实地勘测，该宗地不符合该县土地利用总体规划，占地面积 1469 平方米（其中耕地 1469 平方米）。申请人县国土局于 2018 年 4 月 4 日向被申请人送达行政处罚决定书。2018 年 10 月 11 日，申请人催告被申请人履行处罚决定的内容。2018 年 11 月 7 日，因法定履行期限已满，

被申请人拒不履行"责令退还非法占用的土地，限期 15 日内拆除在非法占用土地上修建的建筑物和其他设施，恢复土地原状"的处罚内容，申请人向法院申请强制执行。

听证会上，被申请执行人表示收到申请人的行政处罚决定书和催告通知书，但不同意执行。被申请执行人称，供电所是电网公司脱贫攻坚安全用电生产项目，该项目在 2016 年 4 月已经在县发改局办理了手续，同时建设项目选址意见经过该地区镇政府、县国土局、林业局等单位签署选址意见，2016 年 10 月在县规划局办理建设项目选址意见书。项目由镇政府征用建设用地。供电所于 2018 年 3 月接到申请人的处罚决定书，但被申请人 2017 年就已经调规，因无用地指标，所以于 2018 年申报至县国土局。被申请人称，供电所已经建成，所以待申报用地指标下来后会完善用地手续，若拆除会对国家造成巨大经济损失。

法院认为，被执行人某供电所未经批准擅自占地修建办公用房的行为，违反了相关规定。但申请人在对该供电所进行处罚前，并未查清申请执行请求拆除的违法建筑物所占土地原始状态、违法建筑结构及面积，也未查清具体包括哪些附属设施，因而申请执行人作出的处罚决定认定事实不清，证据不足，程序违法。法院裁定不准予强制执行。

二、法律分析

（一）关键法条

1.《城乡规划法》（2019 年 4 月 23 日第二次修正）

第三十六条　按照国家规定需要有关部门批准或者核准的建设项目，以划拨方式提供国有土地使用权的，建设单位在报送有关部门批准或者核准前，应当向城乡规划主管部门申请核发选址意见书。

前款规定以外的建设项目不需要申请选址意见书。

2.《国务院关于发布政府核准的投资项目目录（2016 年本）的通知》（国发〔2016〕72 号）

企业投资建设本目录内的固定资产投资项目，须按照规定报送有关项目核准机关核准。企业投资建设本目录外的项目，实行备案管理。事业单位、社会团体等投资建设的项目，按照本目录执行。

电网工程：涉及跨境、跨省（区、市）输电的 ±500 千伏及以上直流项目，涉及跨境、跨省（区、市）输电的 500、750、1000 千伏交流项目，由国务院投资主管部门核准，其中±800 千伏及以上直流项目和 1000 千伏交流项目报国务院备案；不涉及跨境、跨省（区、市）输电的±500 千伏及以上直流项目和 500、750、1000 千伏交流项目由省级政府按照国家制定的相关规划核准，其余项目由地方政府按照国家制定的相关规划核准。

（二）地方法规参考

1.《浙江省城乡规划条例》（2011 年 12 月 13 日修订）

第三十条 按照国家规定需要批准、核准的建设项目，以划拨方式提供国有土地使用权的，建设单位在报送批准、核准前，应当向城乡规划主管部门申请核发选址意见书。其他建设项目不需要申请核发选址意见书。

申请核发选址意见书，建设单位应当提交下列材料：

（一）包含建设单位、项目性质、建设规模、选址意向等内容的选址申请书；

（二）建设项目需要批准、核准的证明文件；

（三）标明拟选址位置的地形图；

（四）法律、法规规定的其他材料。

对城乡空间布局有重大影响的建设项目，还应当提交选址论证报告。

第三十一条 选址意见书由建设项目所在地的城市、县人民政府城乡规划主管部门核发。

跨县级行政区域的建设项目，选址意见书由项目所在地的共同上一级人民政府城乡规划主管部门核发。

2.《山西省城乡规划条例》（2010 年 1 月 1 日起施行）

第三十四条 城乡规划主管部门应当参与建设项目前期有关可行性论证和审查工作。国家规定需要办理选址意见书的建设项目，建设单位应当按照以下规定向城乡规划主管部门申请核发选址意见书：（一）国家和省有关部门审批或者核准的建设项目以及设立开发区，向省人民政府城乡规划主管部门申请核发选址意见书；（二）市、县人民政府有关部门审批或者核准的建设项目，向同级人民政府城乡规划主管部门申请核发选址意见书；（三）县级以上人民政府有关部门备案的建设项目，向项目所在地市、县人民政府城乡规划主管部门申请核发选址意见书。

第三十五条　办理选址意见书应当提供选址申请表、选址方案图等材料。需要编制规划选址研究报告的，还应当提交具有相应资质的单位编制的规划选址研究报告。城乡规划主管部门对符合城乡规划的，核发选址意见书，并提出规划条件；不符合的，不予核发，并书面告知理由。上级城乡规划主管部门核发选址意见书的建设项目，项目所在地市、县人民政府城乡规划主管部门应当提出初审意见。

（三）要点简析

1. 电网项目如需以划拨方式使用国有土地，应申请核发选址意见书

《城市规划基本术语标准》（GB/T 50280—1998）把建设项目选址意见书定义为"城市规划行政主管部门依法核发的有关建设项目的选址和布局的法律凭证"。

根据《城乡规划法》第三十六条，按照国家规定需要有关部门批准或者核准的建设项目，以划拨方式提供国有土地使用权的，建设单位在报送有关部门批准或者核准前，应当向城乡规划主管部门申请核发选址意见书。"按照国家规定需要有关部门批准或者核准的建设项目"是指列入《政府核准的投资项目目录》的项目。根据《政府核准的投资项目目录》（2016 年本），电网工程属于需要核准的项目。

2. 建设项目选址意见书的主要内容

根据《建设项目选址规划管理办法》（建规〔1991〕583 号），建设项目选址意见书应当包括下列内容：

（1）建设项目的基本情况，主要是建设项目名称、性质，用地与建设规模，供水与能源的需求量，采取的运输方式与运输量，以及废水、废气、废渣的排放方式和排放量。

（2）建设项目规划选址的主要依据。主要是经批准的项目建议书；建设项目与城市规划布局的协调；建设项目与城市交通、通信、能源、市政、防灾规划的衔接与协调；建设项目配套的生活设施与城市生活居住及公共设施规划的衔接与协调；建设项目对于城市环境可能造成的污染影响，以及与城市环境保护规划和风景名胜、文物古迹保护规划的协调。

（3）建设项目选址、用地范围和具体规划要求。

3. 建设项目选址意见书实行分级审批

根据《建设项目选址规划管理办法》第七条，建设项目选址意见书按建设项目计划审批权限实行分级规划管理。县人民政府计划行政主管部门审批的建设项目，由县人民政府城市规划行政主管部门核发选址意见书；地级、县级市人民政府计划行政主管部门审批的建设项目，由该市人民政府城市规划行政主管部门核发选址意见书；直辖市、计划单列市人民政府计划行政主管部门审批的建设项目，由直辖市、计划单列市人民政府城市规划行政主管部门核发选址意见书；省、自治区人民政府计划行政主管部门审批的建设项目，由项目所在地县、市人民政府城市规划行政主管部门提出审查意见，报省、自治区人民政府城市规划行政主管部门发选址意见书；中央各部门、公司审批的小型和限额以下的建设项目，由项目所在地县、市人民政府城市规划行政主管部门核发选址意见书；国家审批的大中型和限额以上的建设项目，由项目所在地县、市人民政府城市规划行政主管部门提出审查意见，报省、自治区、直辖市、计划单列市人民政府城市规划行政主管部门核发选址意见书，并报国务院城市规划行政主管部门备案。

三、防控重点

1. 电网工程申请核发选址意见书前，应做好项目前期论证工作

选址意见书虽然是电网工程需要办理的第一项行政许可，但在此之前，城乡规划主管部门应参与建设项目前期有关可行性论证和审查工作，出具路径审查意见。

如《浙江省城乡规划条例》第三十条规定，电网工程申请核发选址意见书应当提交建设项目需要批准、核准的证明文件等材料，对城乡空间布局有重大影响的建设项目，还应当提交选址论证报告。《山西省城乡规划条例》第三十四条、第三十五条规定，城乡规划主管部门应当参与建设项目前期有关可行性论证和审查工作。办理选址意见书应当提供选址申请表、选址方案图等材料。需要编制规划选址研究报告的，还应当提交具有相应资质的单位编制的规划选址研究报告。其他省份也有类似的规定。

2. 电网工程申请核发选址意见书前，应辨别需要使用的土地性质

根据《城乡规划法》第三十六条，电网工程作为"按照国家规定需

要有关部门批准或者核准的建设项目"，只有以划拨方式提供国有土地使用权才应当向城乡规划主管部门申请核发选址意见书。如果选址地块使用的是农村集体土地且已征为建设用地，即不需要办理选址意见书。在城市规划区内新建、改建、扩建工程项目，需要办理拆迁手续的，则须申请核发选址意见书。

第二节　用地预审作为核准条件，可研报批应附预审报告[1]

一、参考案例

案例：取得土地预审意见后还应办理用地批准手续

案号：（2018）吉 0721 行审 127 号

2016 年 7 月 29 日，经某省能源局批准，被执行人某公司的光伏发电项目列入 2016 年光伏发电项目指标。2016 年 8 月 8 日，该公司与县发展和改革局签订了扶贫协议书，公司在投资建设光伏项目的同时，自愿承担该县（镇）共 58 个村 120 户建档立卡贫困户的扶贫任务，标准为每户每年 3000 元，扶贫年限 20 年。2016 年 12 月 13 日，公司光伏发电项目经省发展和改革委审核备案。2017 年 3 月 21 日经省发展和改革委审核，同意将建设地址由"某县东三家子乡"变更为"某县某镇花垞子村"。2017 年 7 月 13 日，省国土资源厅经审查，对该项目建设用地作出预审意见的复函，该项目用地符合土地利用总体规划和供地政策，原则上同意通过用地预审。该项目拟用地位于某县某镇花垞子村，拟用地总面积为 6431 平方米，全部为未利用地。

2017 年 8 月 19 日，该县国土局在动态巡查中发现公司占用县某镇花垞子村盐碱地建设光伏板机房及进站道路未取得用地批准手续，经勘测占地面积 6431 平方米，经县国土局耕保科认定，该宗地中升压站符合土地利用总体规划，进站道路不符合土地利用总体规划。截止调查时，该项目已建设完成。2017 年 10 月 19 日，县国土局向公司送达了行政处

---

[1] 有关"用地预审"的案例并不常见，故仅以此案例作相关介绍。

罚告知书和行政处罚听证告知书，2017年10月23日向其送达了行政处罚决定书。被执行人于2018年5月21日缴纳了罚款，但未履行该处罚决定第一项。县国土局向法院申请强制执行。

法院认为，公司在未取得用地审批手续的情况下，占用某镇花坨子村土地建设光伏发电升压站及进站道路，违反了《中华人民共和国土地管理法》的相关规定，依法应予处罚。但本案中，县国土局对公司所建的进站道路是否符合土地利用总体规划，认定事实不清。且依照本条规定责令被执行人退还非法占用的盐碱地6431平方米，限期改造或治理非法占用的土地，处罚内容不当。目前，光伏发电设施已建成，该项目不仅可以为当地电网提供大量的清洁能源，还兼有扶贫任务。如责令退还土地，将严重影响相应线路运行，明显违背行政目的，严重损害公共利益，被执行人的违法行为应可通过其他救济途径予以弥补。法院裁定不准予强制执行国土资源局作出的行政处罚决定书第一项。

二、法律分析

（一）关键法条及政策

1.《土地管理法》

根据2019年8月26日第十三届全国人民代表大会常务委员会第十二次会议《关于修改〈中华人民共和国土地管理法〉〈中华人民共和国城市房地产管理法〉的决定》第三次修正。

第五十二条　建设项目可行性研究论证时，自然资源主管部门可以根据土地利用总体规划、土地利用年度计划和建设用地标准，对建设用地有关事项进行审查，并提出意见。

2.《土地管理法实施条例》（根据2014年7月29日《国务院关于修改部分行政法规的决定》第二次修订）

第二十二条　具体建设项目需要占用土地利用总体规划确定的城市建设用地范围内的国有建设用地的，按照下列规定办理：

（一）建设项目可行性研究论证时，由土地行政主管部门对建设项目用地有关事项进行审查，提出建设项目用地预审报告；可行性研究报告报批时，必须附具土地行政主管部门出具的建设项目用地预审报告。

3.《建设项目用地预审管理办法》

根据 2016 年 11 月 25 日《国土资源部关于修改〈建设项目用地预审管理办法〉的决定》第二次修正。

第二条　本办法所称建设项目用地预审，是指国土资源主管部门在建设项目审批、核准、备案阶段，依法对建设项目涉及的土地利用事项进行的审查。

第四条　建设项目用地实行分级预审。

第五条　需审批的建设项目在可行性研究阶段，由建设用地单位提出预审申请。

(二) 要点简析

1. 建设项目可行性研究论证阶段，应提出土地预审申请

根据《土地管理法》第五十二条、《土地管理法实施条例》第二十二条、《建设项目用地预审管理办法》第五条的规定，建设项目可行性研究论证时，应由土地行政主管部门对建设项目用地有关事项进行审查，提出建设项目用地预审报告；可行性研究报告报批时，必须附具土地行政主管部门出具的建设项目用地预审报告。未经预审或者预审未通过的，不得批复可行性研究报告、核准项目申请报告；不得批准农用地转用、土地征收，不得办理供地手续。

可见，国土资源管理部门对建设项目用地的预审批复系建设项目的前置审批，该批复的目的系确保特定建设项目用地不违反国家相关规定，不直接决定建设项目的成立。

2. 建设项目用地预审应当审查的内容

根据《建设项目用地预审管理办法》第十一条规定，建设用地预审应当审查以下内容：

(1) 建设项目用地是否符合国家供地政策和土地管理法律、法规规定的条件；

(2) 建设项目选址是否符合土地利用总体规划，属《土地管理法》第二十六条规定情形，建设项目用地需修改土地利用总体规划的，规划修改方案是否符合法律、法规的规定；

(3) 建设项目用地规模是否符合有关土地使用标准的规定；对国家和地方尚未颁布土地使用标准和建设标准的建设项目，以及确需突破土

地使用标准确定的规模和功能分区的建设项目，是否已组织建设项目节地评价并出具评审论证意见。

占用基本农田或者其他耕地规模较大的建设项目，还应当审查是否已经组织踏勘论证。

未经预审或者预审未通过的，不得批复可行性研究报告、核准项目申请报告；不得批准农用地转用、土地征收，不得办理供地手续。预审审查的相关内容在建设用地报批时，未发生重大变化的，不再重复审查。

三、防控重点

电网基建项目属于线性工程，涉及的范围较大，影响面较广，国家及地方政府对电网项目规范及要求较多，因此电网项目审批流程较长。同时电网基建项目由于总体数量相对较少，政府部门对电网项目审批的专业化程度相对较弱，各部门审批材料缺乏统一标准；同一审批事项需多部门审批时，部门间对审批材料相互不认同；实体审查标准之间也存在冲突，部分环节、程序之间互为前置、循环往复的现象仍然存在，对电网项目业主在项目报批时带来一定的困惑。

以路径审查意见为例，有的部门会在会审图纸上盖章并签署意见，有的部门仅在图纸上盖章，不签署任何意见。签署意见的表述也不一致，有表述为"同意路径意见"的，也有表述为"原则同意路径意见"的。遇有纠纷时，供电企业可能难以举证政府部门的真实意思表示，仍需要供电企业加强沟通和协调，以确保项目环环相扣，顺利推进。

1. 供电企业要加强政府沟通，提高前期工作效率

工程建设项目审批制度改革后，各地的工程建设项目审批管理系统将升级为一个系统，并实现工程建设项目审批事项100%网上办理，但是电网基建项目尚有部分环节处于线下流转状态。供电企业有必要与当地政府部门加强沟通，对审批环节作进一步的梳理和沟通，以减少环节，提高效率。如在项目环评、水保、核准审批方面，供电企业可以提请由市发展改革委统筹，组织一次会议进行评审项目环评、水保及核准，并通过函办方式收集环保部门、水利部门的审批意见。

2. 供电企业要加强信息共享，充分发挥数据效用

一是加强基础测绘成果共享。供电企业应全力配合规划部门开展城市地下管线普查工作，收集、归档及更新电网基础设施专项信息；规划部门通过移动地图与供电企业共享应用成果，发挥测绘与地理信息在服务电网规划发展方面的优势。二是加强规划成果共享。供电企业定期向规划部门提交电网规划滚动相关信息及修编成果；规划部门向供电企业共享城乡规划成果、地形图、用地规划图、空间布局规划图等数据资源，实现规划资料与成果共享共通。三是加强信息系统互通。加强政府各类规划与供电企业之间的信息互通，及时发现问题、及时改进电网项目网上审批流程中存在的问题，不断提高"让数据跑路代替人工跑腿"的工作水平。

第三节 选址意见书和用地预审已合并办理，均不可诉讼

一、参考案例

案例 1：建设项目选址意见书为过程性环节，不属于可诉行政行为范围
案号：（2018）湘 02 行终 288 号

2016 年 12 月 13 日，第三人湘某公司向被告某规划局申请某广场棚户区改造项目的建设项目选址意见，被告某规划局于 2017 年 5 月 5 日核发了建设项目选址意见书。原告的房屋位于该建设项目选址意见书的范围内，原告认为被告规划局核发的建设项目选址意见书违法，诉至法院。

一审法院认为，本案系城乡规划行政管理纠纷。规划局对建设项目选址的审核实质系最后确定核发建设用地规划许可证的一个过程性环节，其效力通常为最终行政行为所吸收覆盖，当事人可通过对最终行政行为的起诉主张权利，且被告的审核行为与原告之间无直接利害关系，并未侵害原告的合法权益。因此规划局核发选址意见书的行为不属于可诉行政行为范围。一审法院裁定驳回原告的起诉。

二审法院认为，国有土地上房屋征收与补偿过程，是一个多环节、多阶段的综合过程。规划局依照原审第三人湘某公司的申请，核发建设

项目选址意见书的行为，仅是对建设单位选址范围内的用地性质和规模是否符合城市规划作出认定，是一个程序性行为，并没有对上诉人创设权利义务。补偿协议与补偿决定才是最终的、对被征收人独立创设权利义务的行政行为。二审法院裁定驳回上诉，维持原裁定。

案例 2：建设项目选址意见书为立项前的规划管理措施，不属于行政诉讼受案范围

案号：（2013）杭行终字第 10 号

2010 年 8 月 18 日，某省住建厅作出建设项目选址意见书，载明建设项目为某核电厂扩建项目电厂 500 千伏送出工程，并附建设项目选址审查意见、高压廊道选址线位图。

原告沈某等十一人起诉称，其房屋因核电厂送出工程面临拆迁，涉案的选址意见同意核电厂扩建项目电厂送出工程占用其房屋所在区域土地，沈某等十一人与该选址意见具有法律上的利害关系。省住建厅违反法定程序及实体性规定作出涉案的选址意见书，侵犯了沈某等十一人的合法权益。

一审法院认为：对公民、法人或者其他组织权利义务不产生实际影响的行为，不属于人民法院行政诉讼的受案范围。省住建厅于 2010 年 8 月 18 日核发建设项目选址意见书系对建设项目提出相应的规划设计要求，但并非最终确定的规划设计条件，对沈某等十一人的权利义务不产生直接的实际影响，不属于人民法院行政诉讼的受案范围。一审法院裁定驳回沈某等十一人的起诉。

二审法院认为，根据《中华人民共和国城乡规划法》第三十六条第一款的规定，建设项目选址意见书是建设项目在报送有关部门批准或者核准前，建设单位向城乡规划主管部门申请核发的。据此，建设项目选址意见书是建设项目正式立项前的规划管理措施，主要审查拟建建设项目是否符合城乡规划的要求，但并不对建设项目正式实施后所涉及的房屋、土地等相关权利义务产生直接的实际影响。故二审法院维持原裁定。

案例 3：预审行为与土地使用权人或房屋所有权人之间不具有法律上的利害关系

案号：（2018）最高法行申 4316 号

2003 年某古镇二期旅游项目开发建设，被告住建局签发了拆迁许可

证，拆迁了原告在该镇西大街的住房，原告对该拆迁许可证的合法性提出质疑，于 2005 年就此拆迁许可证提起行政诉讼。法院以原告已超出被告住建局所公告的起诉时间规定为由，驳回原告的起诉。2016 年 3 月 6 日原告向被告住建局请求对拆迁许可证的合法性进行审查或者复查，并确认该拆迁许可证无效。被告住建局作出函复，认为原告的要求没有相应的事实和法律依据。原告申请市人民政府复议被驳回。原告提起诉讼请求判令被告依申请履行职责、确定拆迁许可证无效。

一审法院经审查认为，原告等人与镇旅游开发公司因拆迁补偿纠纷，在 2004 年已经过行政裁决。2015～2016 年，原告围绕该拆迁许可证就类似事项多次向被告住建局、公安局提出政府信息公开或者提出行政确定申请，相继又向复议机关提出复议，并曾提起行政诉讼，均被法院判决驳回诉讼请求或者裁定驳回起诉。但原告不顾行政裁定生效或判决确认的事实，执意提起数起类似行政诉讼。保障当事人的正当诉权与制约恶意诉讼、无理缠诉均是审判权的应有之义。对于个别当事人反复多次提起相同或者类似的诉讼，法院对其起诉应严格依法审查。原告提起本案诉讼，明显缺乏诉的利益、目的不当，违背了诉权行使的必要性，因而也就失去了权利行使的正当性，属于滥用诉权行为。原告的行为已背离了权利正当行使的本旨，超越了权利行使的界限。因此，为了维护法律的严肃性，根据审判权的应有之义和立法精神，对于原告滥用诉讼权利的，应依法予以限制，不应作实体审理。二审维持原裁定。

最高人民法院再审认为，预审行为属于过程性行为，预审行为与项目建设涉及的土地使用权人或房屋所有权人之间不具有法律上的利害关系，也不具有行政法上的权利义务关系。当事人曾就涉案项目拆迁许可行为提起行政诉讼，有关诉讼请求已被人民法院驳回，当事人再就《建设项目用地预审意见书》的合法性问题提起行政诉讼更缺乏相应的事实和法律依据。终审裁定驳回再审申请。

案例 4：村集体经济组织成员对用地预审意见不具有提起行政复议的主体资格

案号：（2016）京 03 行终 00279 号

原告系某市某区某镇某村集体经济组织成员，该村集体 0.68 公顷

（6800 平方米）土地被以"某区新建某庄消防站工程"为名收回。2015年 7 月 20 日，原告通过申请政府信息公开的方式得知了该项目的用地预审意见。原告对被告审批通过该项目用地预审的行政行为不服，于 2015年 9 月 17 日向国土资源部申请行政复议，但国土资源部以"行政复议申请人与该用地预审意见没有法律上的利害关系，不具有提起行政复议的主体资格"为由对该复议申请决定不予受理。原告诉至法院。

一审法院认为，原告要求撤销的建设项目用地预审意见属于阶段性行政行为，对当事人合法权益不产生实际影响，原告与被诉建设项目用地预审意见不具有法律上的利害关系。裁定驳回原告的起诉。

二审法院认为，市国土资源局作出的被诉用地预审意见系对申请项目用地所作的用地预审意见批复，其对上诉人合法权益明显不产生实际影响，因此上诉人针对被诉用地预审意见提起的本案诉讼不符合法定起诉条件。二审法院裁定驳回上诉，维持一审裁定。

二、法律分析

（一）关键法条及政策

1. 《土地管理法》

第五十二条 建设项目可行性研究论证时，自然资源主管部门可以根据土地利用总体规划、土地利用年度计划和建设用地标准，对建设用地有关事项进行审查，并提出意见。

2. 《建设项目选址规划管理办法》（建规〔1991〕583 号）

第六条 建设项目选址意见书应当包括下列内容：

（一）建设项目的基本情况

主要是建设项目名称、性质，用地与建设规模，供水与能源的需求量，采取的运输方式与运输量，以及废水、气、废渣的排放方式和排放量。

（二）建设项目规划选址的主要依据

（1）经批准的项目建议书；

（2）建设项目与城市规划布局的协调；

（3）建设项目与城市交通、通讯、能源、市政、防灾规划的衔接与协调；

（4）建设项目配套的生活设施与城市生活居住及公共设施规划的衔接与协调；

（5）建设项目对于城市环境可能造成的污染影响，以及与城市环境保护规划和风景名胜、文物古迹保护规划的协调。

3. 《建设项目用地预审管理办法》

第十一条 预审应当审查以下内容：

（一）建设项目用地是否符合国家供地政策和土地管理法律、法规规定的条件；

（二）建设项目选址是否符合土地利用总体规划，属《土地管理法》第二十六条规定情形，建设项目用地需修改土地利用总体规划的，规划修改方案是否符合法律、法规的规定；

（三）建设项目用地规模是否符合有关土地使用标准的规定；对国家和地方尚未颁布土地使用标准和建设标准的建设项目，以及确需突破土地使用标准确定的规模和功能分区的建设项目，是否已组织建设项目节地评价并出具评审论证意见。

占用基本农田或者其他耕地规模较大的建设项目，还应当审查是否已经组织踏勘论证。

（二）要点简析

1. 核发建设项目选址意见书是过程性行为，不具有可诉性

建设项目选址意见书是城乡规划主管部门根据城乡规划和相关的法律法规以及技术规范，对于项目的位置选址，对区域经济的辐射、引领或扶持作用、对周边环境的影响评价、对空间资源利用作出一个统筹的、粗放型的意见。如本节案例1、案例2所示，一、二审法院均认为，核发《建设项目选址意见书》的行为，仅是对建设单位选址范围内的用地性质和规模是否符合城市规划作出认定，是一个程序性行为，并没有对上诉人创设权利义务。补偿协议与补偿决定才是最终的、对被征收人独立创设权利义务的行政行为。因此核发建设项目选址意见书是过程性行为，不具有可诉性。

2. 建设项目土地预审批复是过程性行为，不具有可诉性

《建设项目用地预审管理办法》第二条规定，建设项目用地预审，是指国土资源管理部门在建设项目审批、核准、备案阶段，依法对建

设项目涉及的土地利用事项进行的审查。土地预审所需要重点考量和主要审查的内容是建设项目选址是否符合土地利用总体规划，是否符合国家供地政策和土地管理法律、法规规定的条件；建设项目用地规模是否符合有关建设用地指标的规定；建设项目占用耕地的，补充耕地初步方案是否可行；征地补偿费用和矿山项目土地复垦资金的拟安排情况等。

可见，国土资源管理部门对建设项目用地的预审批复是建设项目的前置审批，该批复的目的为确保特定建设项目用地不违反国家相关规定，并不直接决定建设项目的成立。如本节案例3，最高院的再审意见认为，土地预审行为属于过程性行为，预审行为与项目建设涉及的土地使用权人或房屋所有权人之间不具有法律上的利害关系，也不具有行政法上的权利义务关系。虽然建设项目预审意见书可能为后续相应的建设许可、拆迁许可等以及后续的实际开工建设创造条件，但是对原告等人的权利义务产生实际影响的是征地拆迁、补偿安置等事宜以及单个土地、房屋等权利人的土地使用权和房屋所有权的保护问题。因此土地预审意见不具有行政可诉性。

三、防控重点

1. 关于用地预审和规划选址的诉讼，应以不具有可诉性为答辩重点

建设项目选址意见书和建设项目用地预审两项批复都是电网项目取得项目核准的前置条件。但政府核发建设项目选址意见书是过程性行为，不具有可诉性。建设项目用地的土地预审批复也不直接决定建设项目的成立。此类诉讼一般把供电企业作为第三人。如遇此类诉讼，应以该条意见作为答辩的要点。

2. 充分了解当地关于用地预审和规划选址合并办理的流程

自工程建设项目审批制度改革以来，全国各地关于项目前期和工程前期的具体流程均有所调整。建设项目用地预审和规划选址基本上已合并办理。对建设项目选址意见书和用地预审意见审批层级一致的，在发放建设项目用地选址意见书时，将选址红线图、预审意见作为建设项目用地选址意见书的附件一并发放。对建设项目选址意见书和用地预审意

见审批层级不一致的，建设单位可以一并向审批部门提出用地预审和选址意见书的申请，依据审批层级分别发放建设项目用地选址意见书和用地预审意见，建设单位可以选择一并或单独领取。笔者所在的地区——衢州市建设项目用地预审和规划选址即合并办理，但分别发证。

第四节　选址意见书和用地预审有效期的规定，各地不同

一、参考案例

案例：选址意见书和用地预审均应关注有效期

案号：（2014）中行初字第 145 号

被告某市城乡规划局于 2013 年 8 月 15 日作出关于某 220 千伏变电站的建设用地规划许可证，发证日期为 2013 年 8 月 15 日。原告系该市某小区的业主，于 2013 年 8 月 26 日得知被告为第三人供电公司颁发了建设用地规划许可证。原告认为被告某市城乡规划局颁发建设用地规划许可证违法，向法院请求撤销。

关于建设项目选址意见书，原告认为，第三人供电公司取得选址意见书的时间为 2007 年 10 月 26 日，按照该意见书载明第三人应当在收到 6 个月内到被告处办理相关手续，否则意见书自行作废；第三人并未在该意见书载明的期间向被告方送达相关资料，该意见书早已自行作废，是无效的资料，不能成为颁证的依据。第三人供电公司向法庭提交了建设项目选址意见书以及省电力公司关于下达 2008 年电力投资年度目标计划的通知，证明第三人在取得建设项目选址意见书的 6 个月内取得了建设投资计划批准文件、变电站项目选址按照相关程序并经市城市规划局审核批准的文件，证明建设项目选址意见书合法、合规办理且有效。

关于用地预审批复文件，原告认为，第三人按照被告颁发的选址意见书的时间到省国土厅的预审时间已经长达 1 年半的时间，2009 年 8 月 21 日颁发的用地预审意见到 2011 年 8 月 20 日超过时效，用地许可文件已经作废，省国土厅在 2011 年 11 月 21 日又发了延期函，两个文件相互矛盾。经审理查明，2009 年 8 月 21 日省国土资源厅作出"关于 13 个输

变电项目建设用地的预审意见"，其中提到涉案"220 千伏变电站拟占用土地 0.5542 公顷（5542 平方米），全部为耕地。项目用地均符合土地利用总体规划"，并注明两年内有效。2011 年 11 月 21 日省国土资源厅作出"关于同意 220 千伏输变电建设项目用地预审意见延期的函"，同意该 220 千伏输变电工程用地预审意见延期至 2012 年 8 月 21 日，证明本案所涉项目土地预审延期符合相关规定。

二、法律分析

（一）关键法律与政策

1.《建设项目用地预审管理办法》

第十五条 建设项目用地预审文件有效期为三年，自批准之日起计算。已经预审的项目，如需对土地用途、建设项目选址等进行重大调整的，应当重新申请预审。

未经预审或者预审未通过的，不得批复可行性研究报告、核准项目申请报告；不得批准农用地转用、土地征收，不得办理供地手续。预审审查的相关内容在建设用地报批时，未发生重大变化的，不再重复审查。

2.《国土资源部办公厅关于建设项目用地预审意见有效期有关问题的复函》（国土资厅函〔2017〕641 号）

《国土资源部关于修改〈建设项目用地预审管理办法〉的决定》（第 68 号令，下简称部令第 68 号）已将建设项目用地预审文件有效期由 2 年延长至 3 年，并于 2017 年 1 月 1 日起施行。对于 2015 年之后批复的建设项目用地预审文件，适用部令第 68 号规定，有效期自动延展为 3 年。今后，建设项目用地预审批复文件超出有效期的，均需重新提出建设项目用地预审的申请，不再办理延期手续。

（二）地方法规参考

1.《山西省城乡规划条例》（2010 年 1 月 1 日起施行）

第三十六条 未按照本条例规定取得选址意见书或者选址意见书过期的，有关部门不得审批或者核准建设项目。选址意见书有效期为 2 年。需要延期的，应当在期满前 30 日内向核发机关申请延期，经批准可以延期 1 次，期限不得超过 1 年。

2.《浙江省建设项目选址规划管理办法》（浙建〔2016〕9 号）

第九条　建设单位取得选址意见书后一年内未取得建设项目批准、核准文件，可以在期限届满前三十日内向原核发机关申请办理延续手续。申请延续的次数不得超过两次，每次延续的期限不得超过一年。逾期未申请延续或者延续申请未获批准的，选址意见书失效。

3.《河南省实施〈中华人民共和国城乡规划法〉办法》（自 2010 年12 月 1 日起施行）

第三十八条　建设单位在取得选址意见书后十二个月内未取得建设项目批准或者核准文件的，应当在有效期届满三十日前向核发机关提出延期申请，核发机关应当在有效期届满前作出是否准予延期的决定。延长期限不得超过六个月。未提出延期申请或者核发机关决定不予延期的，选址意见书期满自行失效。

（三）要点简析

1. 用地预审批复文件的有效期已改为三年，不能延期

根据《建设项目用地预审管理办法》第十五条，建设项目用地预审文件有效期为三年。已经预审的项目，如需对土地用途、建设项目选址等进行重大调整的，应当重新申请预审。《国土资源部办公厅关于建设项目用地预审意见有效期有关问题的复函》（国土资厅函〔2017〕641 号文）规定，建设项目用地预审批复文件超出有效期的，均需重新提出建设项目用地预审的申请，不再办理延期手续。

2. 各地关于选址意见书的有效期规定不同，可以延期

如《山西省城乡规划条例》规定选址意见书有效期为两年；浙江省和河南省的规定为，建设单位取得选址意见书后一年内未取得建设项目批准、核准文件，可以在期限届满前三十日内向原核发机关申请办理延期手续。

3. 各地关于选址意见书延期的次数和期限规定不同

如《山西省城乡规划条例》规定选址意见书经批准可以延期一次，期限不得超过一年。《浙江省建设项目选址规划管理办法》规定，申请延续的次数不得超过两次，每次延续的期限不得超过一年。河南省实施《中华人民共和国城乡规划法》办法规定，选址意见书延长期限不得超过六个月。

三、防控重点

工程建设项目审批制度改革后，建设项目规划选址意见和用地预审基本上已合并办理。合并办理后，各地核发证件的模式不一致，有两证并为一证的，也有两证分开核发的。证书上有效期的标注也不一致，有的分别标注有效期，有的证书上没有标注有效期，也有的将两证合一，统一标注有效期为三年。如广西壮族自治区《关于印发建设项目用地预审和选址意见书合并办理的通知》规定，建设项目用地预审和选址意见书核发合并为建设项目用地预审（选址意见书）一个事项办理，有效期为三年，自批准之日起计算。如需对土地用途、建设项目选址等进行重大调整的，应当重新申请建设项目用地预审（选址意见书）。

用地预审批复文件的有效期及延期办法，全国层面有统一规定。但选址意见书的有效期及延期办法，各地规定有所不同。各地供电企业在办理选址意见书和用地预审后，应关注选址意见书和用地预审的有效期，及时办理延期或重新办理手续，避免建设项目规划选址意见书和用地预审批复失效。

第三章　社会稳定风险评估

第一节　稳评是否作为项目核准条件，应当依照当地规定

一、参考案例

案例：稳评是否为项目核准的前置条件，暂无明确规定

案号：（2015）菏行终字第 10 号

2014 年 3 月 25 日，被告某县发展和改革局作出关于某县某房地产开发有限公司某商住小区建设项目的核准意见。原告梁某不服，向县人民政府申请复议。县人民政府于 2014 年 7 月 28 日作出行政复议决定，维持了被告作出的建设项目核准意见。原告不服，提起行政诉讼，请求法院依法撤销被告作出的关于某县房地产开发有限公司商住小区建设项目的核准意见。

一审法院认为，被告收到涉案建设项目立项的申请材料后，在审查了相关建设项目立项核准材料的基础上，综合考虑到县有关发展规划、产业政策、投资方向及投资规模等因素，作出被诉的建设项目核准意见，符合相关法规和制度等规范性文件的规定，并无不当。判决驳回原告梁某请求撤销被告的核准意见的诉讼请求。

二审中，上诉人梁某提出涉案项目核准前未经社会稳定风险评估，属于违法核准。二审法院认为，关于社会稳定风险评估问题，《国有土地上房屋征收与补偿条例》第十二条规定："市、县级人民政府作出房屋征收决定前，应当按照有关规定进行社会稳定风险评估……"因此，在房屋征收决定作出前和建设项目立项前，就应由市、县级人民政府进行社会稳定风险评估。而《企业投资项目核准暂行办法》并没有相应的规定和要求，且该建设项目是政府对基础设施落后地段进行旧城区改建项目，显然涉及公共利益，范围内的被征收人也已大多搬迁完毕，上诉人梁某提出被上诉人县发改局没有进行社会稳定风险评估属程序违法的主张，于法无据，不予支持。判决驳回上诉，维持原判。

二、法律分析

（一）关键法条

1.《土地管理法》

第四十七条　国家征收土地的，依照法定程序批准后，由县级以上地方人民政府予以公告并组织实施。

县级以上地方人民政府拟申请征收土地的，应当开展拟征收土地现状调查和社会稳定风险评估，并将征收范围、土地现状、征收目的、补偿标准、安置方式和社会保障等在拟征收土地所在的乡（镇）和村、村民小组范围内公告至少三十日，听取被征地的农村集体经济组织及其成员、村民委员会和其他利害关系人的意见。

2.《中央办公厅、国务院办公厅关于建立健全重大决策社会稳定风险评估机制的指导意见（试行）》（中办发〔2012〕2号）

评估范围。凡是直接关系人民群众切身利益且涉及面广、容易引发社会稳定问题的重大决策事项，包括涉及征地拆迁、农民负担、国有企业改制、环境影响、社会保障、公益事业等方面的重大工程项目建设、重大政策制定以及其他对社会稳定有较大影响的重大决策事项，党政机关作出决策前都要进行社会稳定风险评估。需要评估的具体决策事项由各地区各有关部门根据上述规定和实际情况确定。

重大工程项目建设需要进行社会稳定风险评估的，应当把社会稳定风险评估作为工程项目可行性研究的重要内容，不再另行评估。

（二）地方政策参考

《浙江省重大决策社会风险评估实施办法》（浙委办发〔2019〕53号）

第四条　开展社会风险评估，应当在重大决策集体讨论前完成。其中环保邻避类重大项目，需要发展改革部门审批或核准的，应当在规划选址阶段同步实施，并在立项审批（核准）前完成；需要发展改革部门备案的，应在制订项目备案基本信息阶段同步实施，并在开工建设前完成。

（三）要点简析

1. 社会稳定风险评估是否为电网工程项目核准的前置条件，应依当地规定

根据《土地管理法》第四十七条，电网工程项目如果需要征收土地

的，应由县级以上地方人民政府开展拟征收土地现状调查和社会稳定风险评估。《中央办公厅、国务院办公厅关于建立健全重大决策社会稳定风险评估机制的指导意见（试行）》第（三）点规定，重大工程项目建设需要进行社会稳定风险评估的，应当把社会稳定风险评估作为工程项目可行性研究的重要内容。以上条款均没有明确表述社会稳定风险评估为项目核准的前置条件。考虑到项目可行性研究在项目核准之前，因此可以理解为社会稳定风险评估是项目核准的前置条件。但从本节案例看，法院并不认为社会稳定风险评估是项目核准的法定前置条件。

综上，社会稳定风险评估是否作为项目核准的法定前置条件，还应看地方的法律法规或政策规定。如浙江省的地方规定则更明确一些，要求环保邻避类重大项目，需要发展改革部门审批或核准的，应当在规划选址阶段同步实施，并在立项审批（核准）前完成。可见，在浙江范围内建设需要核准的电网工程项目，应在核准前完成环评，而不需要核准仅需备案的项目，则开工建设前完成稳评即可。

2. 社会稳定风险评估分三个等级

根据《中央办公厅、国务院办公厅关于建立健全重大决策社会稳定风险评估机制的指导意见（试行）》（中办发〔2012〕2号）第（六）、（七）点，社会稳定风险等级分为高风险、中风险、低风险三类。重大决策须经决策机关领导班子会议集体讨论决定，社会稳定风险评估结论作为重要依据。评估报告认为决策事项存在高风险，应当区别情况作出不实施的决策，或者调整决策方案、降低风险等级后再行决策；存在中风险的，待采取有效的防范、化解风险措施后，再作出实施的决策；存在低风险的，可以作出实施的决策，但要做好解释说服工作，妥善处理相关群众的合理诉求。

三、防控重点

电网工程项目如果不经风险评估便匆匆上马，可能影响社会和谐稳定。供电企业不是社会稳定的管理部门，对此事项的评估缺乏专业性，可以委托与项目无利害关系的第三方进行社会稳定风险评估，严格实施实地勘察、社情调研、公开认证和专家评估，最终形成报告。供电企业经过评估等一系列程序，过程环环相扣并将评估结果运用到决策当中，可以更好地倾听民意，及时采取针对性化解措施，在减少或避免重大决策失误可能带来损失的同时，进一步推动电网工程项目的建设和发展。

第二节　政府可以指定供电企业为电网项目稳评责任主体

一、参考案例

案例：电网工程项目进行了社会稳定风险评估，征收合法有效[●]
案号：（2014）湘高法行终字第 80 号

为满足某市经济发展对电力增长的需求，加强电网结构，增加变电容量，提高供电能力，2011 年 2 月 14 日，某市人民政府召开专题会议研究变电站建设有关问题。2011 年 11 月 2 日，省发展和改革委员会作出关于某 110 千伏输变电工程项目核准的批复，同意建设某 110 千伏输变电工程项目。2013 年 10 月 10 日，区人民政府批复同意区城市房屋征收和补偿管理办公室作出的某 110 千伏输变电工程项目社会稳定风险评估报告，本项目实施可能引发的社会风险为中风险。2013 年 10 月 21 日，区人民政府发布了关于某 110 千伏输变电工程项目房屋征收决定公告，公告内容包含了征收目的、征收范围、征收部门、征收签约期限、征收补偿方案、被征收人权利与义务，并对征收范围和征收补偿方案一并在征收范围内公开张贴，予以公告。原告李某不服，诉至法院。

一审法院认为，被告区人民政府作出的关于某 110 千伏输变电工程项目房屋征收决定公告主体适格、程序合法，内容符合法律、法规、规章的规定。判决驳回原告李某的诉讼请求。

二审法院认为，被告区人民政府论证了征收补偿方案；公告了被征收房屋调查结果、征收补偿方案征求意见和征收补偿方案征求意见修改情况；经过了社会稳定风险评估和区人民政府常务会议讨论决定，作出房屋征收决定并予以公告，事实清楚，行政程序合法、正当。二审判决驳回上诉，维持原判。

[●]　电网工程项目因未进行社会稳定风险评估而引起诉讼的案件并不常见，仅以此案例说明电网工程项目开展社会稳定风险评估的重要性和必要性。

二、法律分析

（一）关键法条

《中央办公厅、国务院办公厅关于建立健全重大决策社会稳定风险评估机制的指导意见（试行）》（中办发〔2012〕2号）

评估主体。重大决策社会稳定风险评估工作由评估主体组织实施。地方党委和政府作出决策的，由党委和政府指定的部门作为评估主体。党委和政府有关部门作出决策的，由该部门或者牵头部门商其他有关部门指定的机构作为评估主体。需要多级党政机关作出决策的，由初次决策的机关指定评估主体，不重复评估。根据工作需要，评估主体可以组成由政法、综治、维稳、法制、信访等有关部门，有关社会组织、专业机构、专家学者，以及决策所涉及群众代表等参加的评估小区进行评估。

（二）地方政策参考

《浙江省重大决策社会风险评估实施办法》（浙委办发〔2019〕53号）

第六条　社会风险评估工作由评估主体组织实施，评估主体依照"谁主管谁负责"的原则，按下列规则确定：

党委和政府作出决策的，由党委和政府确定的承办单位〔重大决策提出部门或政策起草部门、改革牵头部门、项目申报部门（单位）、活动组织部门（单位）等〕作为评估主体；

党委和政府有关部门（单位）作出决策的，由该部门（单位）或者牵头部门（单位）商其他有关部门依法依规确定的机构（单位）作为评估主体；

需要多级党政机关作出决策的，由初次决策的机关确定评估主体，不重复评估。

党委政法委作为社会风险评估的备案机构，一般不作为评估主体或评估实施主体。

（三）要点简析

1. 电网工程社会稳定风险评估的主要内容

对需要进行社会稳定风险评估的重大决策事项，重点从以下几方面进行评估。

（1）合法性。决策机关是否享有相应的决策权并在权限范围内进行决策，决策内容和程序是否符合有关法律法规和政策规定。

（2）合理性。决策事项是否符合大多数群众的利益，是否兼顾了群众的现实利益和长远利益，会不会给群众带来过重经济负担或者对群众的生产生活造成过多不便，会不会引发不同地区、行业、群体之间的攀比。拟采取的措施和手段是否必要、适当，是否尽最大可能维护了所涉及群众的合法权益。政策调整、利益调节的对象和范围界定是否准确，拟给予的补偿、安置或者救助是否合理公平及时。

（3）可行性。决策事项是否与本地经济社会发展水平相适应，实施是否具备相应的人力物力财力，相关配套措施是否经过科学严谨周密论证，项目建设时机和条件是否成熟。决策方案是否充分考虑了群众的接受程度，是否超出大多数群众的承受能力，是否得到大多数群众的支持。

（4）可控性。决策事项是否存在公共安全隐患，会不会引发群体性事件、集体上访，会不会引发社会负面舆论、恶意炒作以及其他影响社会稳定的问题。决策可能引发社会稳定风险是否可控，能否得到有效防范和化解；是否制定了社会矛盾预防和化解措施以及相应的应急处置预案，宣传解释和舆论引导工作是否充分。

2. 政府可以指定供电企业为电网工程项目的稳评责任主体

根据《中央办公厅、国务院办公厅关于建立健全重大决策社会稳定风险评估机制的指导意见（试行）》（中办发〔2012〕2号）第（五）点，重大决策社会稳定风险评估工作由评估主体组织实施。电网工程项目作为发展与改革部门核准的项目，一般由供电企业作为评估的责任主体。供电企业根据工作需要，可以组成由政法、综治、维稳、法制、信访等有关部门，有关社会组织、专业机构和专家学者，以及决策所涉及群众代表等参加的评估小组进行评估。

三、防控重点

1. 供电企业应承担起电网工程稳评的组织重任

社会稳定风险评估主体的责任重大。如浙江省规定，党委政法委作为社会风险评估的备案机构，一般不作为评估主体或评估实施主体。

供电企业作为电网工程的建设单位，一般会被当地政府或部门确定为社会稳定风险评估的责任部门。为了保证电网工程项目进度，供电企业应先行组织评估，再报政府主管部门，以便较好地解决申请人和主管部门责任不清、任务不明的问题，避免相关单位既当运动员又当裁判员现象的发生。

2. 供电企业可以委托专业机构开展稳评

供电企业在社会管理以及社会稳定风险的控制、评估等方面均不够专业，可以委托专业机构、社会组织等第三方机构作为评估主体，按相关要求开展社会风险评估。但是供电企业委托专业机构开展稳评不发生主体责任的转移。另外还应注意，与被评价的电网工程决策有利害关系的第三方机构应当回避。

第三节 未按规定开展稳评，不能向法院申请强制执行

一、参考案例

案例 1： 未进行社会稳定风险评估申请强制执行，法院不予受理

案号：（2017）皖 1003 行审 5 号

2017 年 8 月 10 日，申请人区国土资源局因某村村民陈某未经批准，非法占用村集体土地进行住宅建设，依法作出行政处罚决定书，陈某在该决定书规定的期限内未自行拆除非法建筑，申请人向法院申请强制执行。

经审查，区国土资源局对本案未进行社会稳定风险评估，依照最高人民法院《关于坚决防止土地征收、房屋拆迁强制执行引发的恶性事件的紧急通知》第二条规定，裁定对申请人区国土资源局的执行申请不予受理。

案例 2： 未向法院提供社会稳定风险评估等材料，裁定不准予强制执行行政处罚决定

案号：（2017）晋 1182 执 151 号

某市国土资源局于 2016 年 6 月 22 日以被执行人樊某某未经批准，擅自于 2016 年 5 月 20 日占用该市某镇某村集体建设用地 6.24 亩（4160

平方米）新建经营性用房为由，作出行政处罚决定。被申请执行人樊某某在法定期限内既未申请复议又未向法院起诉，但于 2016 年 11 月 21 日缴纳罚款 4.992 万元。申请执行人市国土资源局于 2017 年 1 月 6 日对决定未履行部分进行了履行催告后，向法院申请强制执行。

法院 2017 年 2 月 27 日向申请执行人送达通知书，要求其在收到通知书之日起五日内提交申请执行标的物的状况、强制执行社会稳定风险评估等材料，但申请执行人逾期未向法院提交上述材料。

法院认为，根据最高人民法院《关于在征收拆迁案件中进一步严格规范司法行为、积极推进"裁执分离"的通知》第二条，在非诉执行案件审查环节，要严格遵循司法解释相关规定审查行政机关提出的申请，凡存在对群众补偿安置不到位、程序违法或违反程序正当性、未进行社会稳定风险评估等情形的，一律依法裁定不予受理或不准予执行。申请执行人市国土资源局未向法院提供强制执行社会稳定风险评估等材料，其发出的履行催告通知书未载明当事人依法享有的陈述权和申辩权。综上所述，申请执行人市国土资源局申请强制执行所提供的材料不全，违反法定程序。裁定不准予强制执行市国土资源局作出的行政处罚决定。

二、关键法条

1. 最高人民法院《关于坚决防止土地征收、房屋拆迁强制执行引发恶性事件的紧急通知》（2011 年 9 月 9 日发布）

必须严格审查执行依据的合法性。对行政机关申请法院强制执行其征地拆迁具体行政行为的，必须严把立案关、审查关，坚持依法审查原则，不得背离公正、中立立场而迁就违法或不当的行政行为。凡是不符合法定受案条件以及未进行社会稳定风险评估的申请，一律退回申请机关或裁定不予受理；凡是补偿安置不到位或具体行政行为虽然合法但确有明显不合理及不宜执行情形的，不得作出准予执行裁定。

2. 最高人民法院《关于在征收拆迁案件中进一步严格规范司法行为、积极推进"裁执分离"的通知》（法〔2014〕191 号）

凡存在对群众补偿安置不到位、程序违法或违反程序正当性、未进行社会稳定风险评估等情形的，一律依法裁定不予受理或不准予执行。要正确处理裁判和协调的关系，坚决防止违背当事人意愿过度协调、久拖不决，无原则地"和稀泥"。要大力推进司法公开，以公开促公正，以公开防干预，确保征收拆迁一审案件全部公开开庭，确保每一份相关裁判文书说理充分、公开上网、及时送达。

三、防范重点

电网建设项目的顺利推进，离不开当地政府和群众的支持。供电企业要加强与政府部门的汇报和交流，让政府部门清楚电网建设的目的，充分发挥政府的主体作用推进电网建设，综合协调解决电网建设中遇到的问题。遇有受阻的情况，也可以在取得有效法律文书的前提下，寻求法律方面的保护如申请法院强制执行。从本节案例可知，按要求开展稳评是申请法院强制执行的前提条件之一。供电企业要充分落实稳评责任，加强民事协调，合法合规地开展好稳评工作，确保电网建设项目能够按节点、按时限、保质、保量完成。

第四章 项 目 核 准

第一节 发展改革委的项目核准仅涉及宏观审查，不具有可诉性

一、参考案例

案例1：项目核准不涉及公民、法人或其他组织的个体性权利

案号：（2019）京行赔终 37 号

2011 年 4 月 27 日，国家发改委核准某 500 千伏输变电工程项目。原告诉称，该工程第 14 号铁塔基与第 15 号铁塔基以及该区间临空架设的 500 千伏超高压输电线路，与某矿产公司正在使用的某民用爆炸物品库之间的距离不符合国家法定的安全距离规定，对矿产公司建筑物、构筑物、设施等公共安全构成危险。某省电力有限公司架设的路线违反了《民用爆破器材工程设计安全规范》（GB 50089—2007）规定中有关安全距离的强制性规定，已对该民用爆炸物品库的正常使用造成了妨害，限制了矿产公司物权的正常行使和收益，并导致其生产经营发生重大困难，造成重大经济损失。请求依法判决国家发展改革委与某省电力有限公司承担连带赔偿责任，弥补矿产公司因无法充分利用民用爆炸物品库所造成的经济损失 9322 万元；依法责令某省电力有限公司拆除 500 千伏某线第 14 号至第 15 号铁塔基以及该区间的架空输电线路。

一审法院认为，公民、法人或者其他组织提起行政赔偿诉讼，应当具备法定起诉条件。关于矿产公司提出的国家发展改革委承担赔偿责任的请求，一审法院在另一关联案件中作出了行政裁定，驳回其起诉。关联案件的二审法院认为，被诉批复是国家发展改革委依申请作出的企业投资项目核准行为，主要对项目是否符合国民经济和社会发展规划、产业政策、国家宏观调控政策、经济安全、生态环境等宏观经济、公众利益方面进行审查，并不涉及公民、法人或其他组织的个体性权利。故本案矿产公司与被诉批复之间不具有法律上的利害关系，不具有原告主体资格，依法驳回起诉。对于矿产公司提出的本案另一诉讼主体省电力有限公司承担赔偿责任的请求不属于行政赔偿案件的受案范围，对其起诉应予驳回。

二审法院裁定驳回上诉，维持一审裁定。

案例 2：项目核准不涉及房屋拆迁与安置补偿等内容，不具有可诉性

案号：（2016）最高法行申 4975 号

2012 年 9 月 25 日，某省发展改革委作出关于某市 220 千伏等输变电工程项目核准的批复。2014 年 12 月 22 日，魏某等 9 人以省发展改革委为被申请人向国家能源局提出行政复议申请，以涉案工程的输电线路从申请人住房附近经过以及涉案工程的选址意见等文件涉及的路径走向不一致等为由，要求撤销"批复"。国家能源局经复议后认为，被申请人省发展改革委作出的"批复"并不直接涉及申请人的住房问题，于 2015 年 1 月 9 日作出不予受理行政复议申请决定书。魏某等 9 人不服诉至一审法院。

二审庭审中，魏某等 9 人认可"批复"内容中不涉及涉案工程输电线路的具体位置及走向；对其主张的权益产生影响的是涉案工程建成后的输电线路。

一审、二审法院认为，"批复"与魏某等 9 人之间没有法律上的利害关系，未支持魏某等 9 人的诉讼请求。

最高人民法院再审认为，"批复"是省发展改革委从公共利益层面对涉案输变电工程项目是否符合能源及经济发展等宏观政策进行的核准。发展改革委对政府投资项目的审批和对企业投资项目的核准，主要是从拟建项目是否维护经济安全、合理开发利用资源、保护生态环境、优化重大布局、保障公共利益、防止出现垄断等方面进行审查，并不涉及项目范围内的房屋拆迁与安置补偿等内容。再审申请人在二审中也认可，"批复"不涉及涉案工程输电线路的具体位置及走向；对其主张的权益产生影响的是涉案工程建成后的输电线路。因此，"批复"既不会直接对魏某等 9 人的权利产生变动效果，甚至连间接影响也不是必然发生的。故"批复"与魏某等 9 人之间没有利害关系，其不具备行政复议申请人资格，国家能源局作出被诉复议决定并无不当。裁定驳回再审申请人魏某等 9 人的再审申请。

二、法律分析

（一）关键法条

1.《城乡规划法》

第三十六条 按照国家规定需要有关部门批准或者核准的建设项

目，以划拨方式提供国有土地使用权的，建设单位在报送有关部门批准或者核准前，应当向城乡规划主管部门申请核发选址意见书。前款规定以外的建设项目不需要申请选址意见书。

2.《企业投资项目核准和备案管理办法》（自 2017 年 4 月 8 日起施行）

第三条 对关系国家安全、涉及全国重大生产力布局、战略性资源开发和重大公共利益等项目，实行核准管理。具体项目范围以及核准机关、核准权限依照政府核准的投资项目目录执行。政府核准的投资项目目录由国务院投资主管部门会同国务院有关部门提出，报国务院批准后实施，并适时调整。国务院另有规定的，依照其规定。

对前款规定以外的项目，实行备案管理。除国务院另有规定的，实行备案管理的项目按照属地原则备案，备案机关及其权限由省、自治区、直辖市和计划单列市人民政府规定。

第六条 企业办理项目核准手续,应当向核准机关提交项目申请书；由国务院核准的项目，向国务院投资主管部门提交项目申请书。项目申请书应当包括下列内容：

（一）企业基本情况；

（二）项目情况，包括项目名称、建设地点、建设规模、建设内容等；

（三）项目利用资源情况分析以及对生态环境的影响分析；

（四）项目对经济和社会的影响分析。

企业应当对项目申请书内容的真实性负责。

法律、行政法规规定办理相关手续作为项目核准前置条件的，企业应当提交已经办理相关手续的证明文件。

第九条 核准机关应当从下列方面对项目进行审查：

（一）是否危害经济安全、社会安全、生态安全等国家安全；

（二）是否符合相关发展建设规划、技术标准和产业政策；

（三）是否合理开发并有效利用资源；

（四）是否对重大公共利益产生不利影响。

项目涉及有关部门或者项目所在地地方人民政府职责的，核准机关应当书面征求其意见，被征求意见单位应当及时书面回复。

核准机关委托中介服务机构对项目进行评估的,应当明确评估重点；

除项目情况复杂的，评估时限不得超过 30 个工作日。评估费用由核准机关承担。

3.《国务院关于发布政府核准的投资项目目录（2016 年本）的通知》（国发〔2016〕72 号）

企业投资建设本目录内的固定资产投资项目，须按照规定报送有关项目核准机关核准。企业投资建设本目录外的项目，实行备案管理。事业单位、社会团体等投资建设的项目，按照本目录执行。

4.《政府核准的投资项目目录（2016 年本）》

电网工程：涉及跨境、跨省（区、市）输电的 ±500 千伏及以上直流项目，涉及跨境、跨省（区、市）输电的 500 千伏、750 千伏、1000千伏交流项目，由国务院投资主管部门核准，其中 ±800 千伏及以上直流项目和 1000 千伏交流项目报国务院备案；不涉及跨境、跨省（区、市）输电的 ±500 千伏及以上直流项目和 500 千伏、750 千伏、1000 千伏交流项目由省级政府按照国家制定的相关规划核准，其余项目由地方政府按照国家制定的相关规划核准。

（二）要点简析

1. 电网工程项目核准实行分类分级管理

（1）分类管理。根据《企业投资项目核准和备案管理办法》第三条，国家根据项目不同情况，分别实行核准管理或备案管理。对关系国家安全、涉及全国重大生产力布局、战略性资源开发和重大公共利益等项目，实行核准管理。前款规定以外的项目，实行备案管理。

（2）分级核准。根据《企业投资项目核准和备案管理办法》第三条，项目核准的具体项目范围以及核准机关、核准权限依照政府核准的投资项目目录执行。根据国务院《政府核准的投资项目目录（2016 年本）》，电网工程涉及跨境、跨省（区、市）输电的 ±500 千伏及以上直流项目，涉及跨境、跨省（区、市）输电的 500 千伏、750 千伏、1000 千伏交流项目，由国务院投资主管部门核准，其中 ±800 千伏及以上直流项目和 1000 千伏交流项目报国务院备案；不涉及跨境、跨省（区、市）输电的 ±500 千伏及以上直流项目和 500 千伏、750 千伏、1000 千伏交流项目由省级政府按照国家制定的相关规划核准，其余项目由地方政府按照国家制定的相关规划核准。

2. 项目核准不涉及房屋等拆迁与安置补偿等内容，因此不可诉

根据《企业投资项目核准和备案管理办法》第九条，项目核准机关主要审查的内容为项目是否危害经济安全、社会安全、生态安全等国家安全；是否符合相关发展建设规划、技术标准和产业政策；是否合理开发并有效利用资源；是否对重大公共利益产生不利影响。因此，各级发展改革委依申请作出的企业投资项目核准行为，主要对项目是否符合国民经济和社会发展规划、产业政策、国家宏观调控政策、经济安全、生态环境等宏观经济、公众利益方面进行审查，并不涉及公民、法人或其他组织的个体性权利。

如本节案例 2，最高人民法院再审认为，发展改革委对政府投资项目的审批和对企业投资项目的核准，主要是从拟建项目是否维护经济安全、合理开发利用资源、保护生态环境、优化重大布局、保障公共利益、防止出现垄断等方面进行审查，并不涉及项目范围内的房屋拆迁与安置补偿等内容，不涉及涉案工程输电线路的具体位置及走向。对原告主张的权益产生影响的是涉案工程建成后的输电线路。因此，项目核准批复既不会直接对原告的权利产生变动效果，甚至连间接影响也不是必然发生，因此认定关于项目核准的批复与原告之间没有利害关系，其不具备行政复议申请人资格。

三、防控重点

从裁判文书网的案例看，项目核准的权限，即哪一级机关有权核准相应的电网工程项目，也有相关的诉讼案件。《企业投资项目核准暂行办法》第二条规定，由国家制订和颁布《政府核准的投资项目目录》，明确实行核准制的投资项目范围，划分各项目核准机关的核准权限，并根据经济运行情况和宏观调控需要适时调整。该条所称的项目核准机关，是指"目录"中规定具有企业投资项目核准权限的行政机关。其中，国务院投资主管部门是指国家发展和改革委员会；地方政府投资主管部门，是指地方政府发展改革委（计委）和地方政府规定具有投资管理职能的经贸委（经委）。电网工程项目的核准机关为各级政府发展和改革委员会。各地供电企业在申请项目核准时，要按照当时有效的最新版"目录"，向有权行政机关报请项目核准。

第二节 环评等不再是项目核准前置条件，开工前完成即可

一、参考案例

案例：除规划选址、用地预审为前置审批外，其他事项并联审批❶

案号：（2018）1023 行初 40 号

第三人某供电公司拟建设 110 千伏输变电工程。被告某县行政审批局于 2017 年 11 月 27 日作出《关于 110 千伏输变电工程环境影响报告表的审查意见》，决定对案涉 110 千伏输变电工程环境影响报告表予以许可。原告某山庄业委会向法院起诉请求撤销该许可。

原告提出，案涉建设项目未进行立项审批即进行环评行政许可，属违法许可，应予撤销。

法院认为，根据国务院办公厅《关于印发精简审批事项实行投资项目网上并联核准制度工作方案的通知》中明确规定，只保留规划选址、用地预审（用海预审）两项前置审批，其他审批事项实行并联审批。本案中被告对环境影响评价报告表作出的审批行为符合上述规定。被告作出的行政许可程序合法、适用法律正确。判决驳回原告的诉讼请求。

二、法律分析

（一）关键法条与政策

1.《政府核准投资项目管理办法》（自 2014 年 6 月 14 日起施行。被《企业投资项目核准暂行办法》废止）

第十二条 项目单位在报送项目申请报告时，应当根据国家法律法规的规定附送以下文件：

（一）城乡规划行政主管部门出具的选址意见书（仅指以划拨方式提供国有土地使用权的项目）；

（二）国土资源行政主管部门出具的用地预审意见（不涉及新增用地，

---

❶ 本案关于环境影响评价的案情详见第五章第四节"生态等环境影响评价范围非禁止建设范围，评价结果符合即可"相关内容。

在已批准的建设用地范围内进行改扩建的项目，可以不进行用地预审）；

（三）环境保护行政主管部门出具的环境影响评价审批文件；

（四）节能审查机关出具的节能审查意见；

（五）根据有关法律法规的规定应当提交的其他文件。

2.《企业投资项目核准和备案管理办法》（自 2017 年 4 月 8 日起施行）

第六条 企业办理项目核准手续，应当向核准机关提交项目申请书；由国务院核准的项目，向国务院投资主管部门提交项目申请书。项目申请书应当包括下列内容：

（一）企业基本情况；

（二）项目情况，包括项目名称、建设地点、建设规模、建设内容等；

（三）项目利用资源情况分析以及对生态环境的影响分析；

（四）项目对经济和社会的影响分析。

企业应当对项目申请书内容的真实性负责。

法律、行政法规规定办理相关手续作为项目核准前置条件的，企业应当提交已经办理相关手续的证明文件。

3.《国务院办公厅关于全面开展工程建设项目审批制度改革的实施意见》（国办发〔2019〕11 号）

精简审批环节。精简审批事项和条件，取消不合法、不合理、不必要的审批事项，减少保留事项的前置条件。下放审批权限，按照方便企业和群众办事的原则，对下级机关有能力承接的审批事项，下放或委托下级机关审批。合并审批事项，对由同一部门实施的管理内容相近或者属于同一办理阶段的多个审批事项，整合为一个审批事项。转变管理方式，对能够用征求相关部门意见方式替代的审批事项，调整为政府内部协作事项。调整审批时序，地震安全性评价在工程设计前完成即可，环境影响评价、节能评价等评估评价和取水许可等事项在开工前完成即可；可以将用地预审意见作为使用土地证明文件申请办理建设工程规划许可证；将供水、供电、燃气、热力、排水、通信等市政公用基础设施报装提前到开工前办理，在工程施工阶段完成相关设施建设，竣工验收后直接办理接入事宜。试点地区要进一步精简审批环节，在加快探索取消施工图审查（或缩小审查范围）、实行告知承诺制和设计人员终身负责制等方面，尽快形成可复制可推广的经验。

（二）要点简析

国家对项目核准的制度不断完善，总体趋势是简政放权。经对比2014年6月14日起施行的《政府核准投资项目管理办法》和自2017年4月8日起施行《企业投资项目核准和备案管理办法》，电网工程项目核准的前置程序已大为简化。

原2014年版的《政府核准投资项目管理办法》第十二条规定，项目单位在报送项目申请报告时，应当根据国家法律法规的规定附送城乡规划行政主管部门出具的选址意见书、国土资源行政主管部门出具的用地预审意见、环境保护行政主管部门出具的环境影响评价审批文件、节能审查机关出具的节能审查意见等文件。

新2017年版的《企业投资项目核准和备案管理办法》规定，项目核准申请书应当包括企业基本情况、项目情况，包括项目名称、建设地点、建设规模、建设内容等；项目利用资源情况分析以及对生态环境的影响分析；项目对经济和社会的影响分析。在这个由国务院公布的文件中，可以看出不管是实行核准管理的项目，还是实行备案管理的项目，项目选址意见书、环评批文、土地预审意见和节能审查意见，都不再是项目立项核准或备案的前置条件。

《国务院办公厅关于全面开展工程建设项目审批制度改革的实施意见》（国办发〔2019〕11号）则明确要求调整审批时序，地震安全性评价在工程设计前完成即可，环境影响评价、节能评价等评估评价和取水许可等事项在开工前完成即可；可以将用地预审意见作为使用土地证明文件申请办理建设工程规划许可证。

第三节 项目核准有效期为两年，启动建设即可视为开工

一、参考案例

案例：项目核准有效期为两年，启动一个环节即可视为开工❶

---

❶ 本案关于项目公益性质的分析，详见第七章第四节"电网项目具有公共利益性质，可以征收土地和房屋"相关内容。

案号：（2014）湘高法行终字第 87 号

2011 年 11 月 2 日，为满足某市经济发展对电力增长的需求，加强电网结构，增加变电容量，提高供电能力，某省发展和改革委员会作出关于 110 千伏输变电工程项目核准的批复，同意建设某 110 千伏输变电工程项目。2013 年 10 月 21 日，被告市人民政府发布了关于 110 千伏输变电工程项目房屋征收决定公告。原告吴某所有的房屋位于征收范围内。原告不服该征收决定，诉至法院。

原告吴某提出本项目在该市发展改革委立项批复生效的两年内未开工，已自动失效，被告区人民政府行政征收决定是在上述前置审批文件失效的情况下作出的，行政征收决定无效。

一审法院认为，本案 110 千伏输变电工程包括四个项目，只要其中一个项目在有效期内动工，就可视为整个输变电工程已开工建设。该省电网建设的开工建设条件以国家或省发展改革委的核准文件或电力行业主管部门的设计批复文件为依据，无须再办理施工报建手续。故该市电力局在省发展改革委的批复有效期内与相关单位签订了工程施工合同、工程监理合同，并购买了电缆电气、光缆设备等均表明该项目已进入开工建设阶段，省发展改革委的批复并未自动失效。

二审法院认为，市电力局在省发展改革委的立项批复生效后的两年内已向区征收办提出行政征收的申请，启动了项目建设，故本案情形不适用《企业投资项目核准暂行办法》第二十条中关于两年内未开工核准文件自动失效的规定。

二、法律分析

（一）关键法条

1. 《政府核准投资项目管理办法》（自 2014 年 6 月 14 日起施行。被《企业投资项目核准暂行办法》予以废止）

第二十五条 项目核准文件自印发之日起有效期 2 年。在有效期内未开工建设的，项目单位应当在有效期届满前的 30 个工作日之前向原项目核准机关申请延期，原项目核准机关应当在有效期届满前作出是否准予延期的决定。在有效期内未开工建设也未按照规定向原项目核准机关申请延期的，原项目核准文件自动失效。

2.《企业投资项目核准和备案管理办法》（自 2017 年 4 月 8 日起施行）

第十二条 项目自核准机关作出予以核准决定或者同意变更决定之日起 2 年内未开工建设，需要延期开工建设的，企业应当在 2 年期限届满的 30 个工作日前，向核准机关申请延期开工建设。核准机关应当自受理申请之日起 20 个工作日内，作出是否同意延期开工建设的决定。开工建设只能延期一次，期限最长不得超过 1 年。国家对项目延期开工建设另有规定的，依照其规定。

(二) 要点简析

项目建设启动后即不适用两年内未开工核准文件自动失效的规定。如本节案例，一审法院认为，本案 110 千伏输变电工程包括四个项目，主体工程是变电站建设，还包括电缆电气、光缆通信及其土建施工三个建设项目，只要其中一个项目在有效期内动工，就可视为整个输变电工程已开工建设。二审法院也认为，电力局在省发展和改革委员会的立项批复生效后的两年内已向被告人民政府征收办提出行政征收的申请，启动了项目建设，故本案情形不适用《企业投资项目核准和备案管理办法》中关于两年内未开工核准文件自动失效的规定。

三、防控重点

电网工程建设项目核准后，如有变更或到期未开工，应办理相关手续。

项目变更内容：取得项目核准文件后，项目如发生建设地点变更、投资或建设规模发生较大变化等情形时，项目单位应当及时以书面形式向原项目核准机关提出变更申请。

未开工建设：项目自核准机关出具项目核准文件或同意项目变更决定两年内未开工建设，延期开工的，项目单位应当在两年期限届满的 30 个工作日前，向项目核准机关申请延期开工建设。

申请延期次数：开工建设只能延期一次，期限不超过一年，国家对项目延期开建另有规定的除外。

核准文件失效：在两年期限内未开工建设也未按照规定向项目核准机关申请延期的，项目核准文件或同意项目变更决定自动失效。

第四节　电网工程项目规划红线内变更，
不需另行报批

一、参考案例

案例 1：站址变更位移未超过 500 米不属于重大变更，不需重新进行环境影响评价●

案号：（2017）辽 01 行终 400 号

某省电力有限公司为满足该省南部地区电力负荷增长的需要，新建 500 千伏输变电工程，位于某村。该工程选址及路径设计前期经能源、国土规划、地震、文物、水土、国家发展改革委、住房和城乡建设等部门审核。

2013 年 3 月 5 日被告省环境保护厅作出关于该 500 千伏输变电工程环境影响报告书批复。原告认为，被告批复建设的变电站给其企业造成巨大损失，要求撤销被告作出的 500 千伏输变电工程环境影响报告书的批复，重新作出批复及判令被告、第三人赔偿原告地上物损失、搬迁损失、误工费损失 260 万元及上访相关费用合计 25 万元。

关于原告提出变电站站址重大变更后，环评报告未对原告等敏感目标重新进行公众调查，被告批复的程序和标准不符合法律规定，严重违法问题，一审法院认为，涉案项目环境影响报告书编制过程中增加了输变电线路，变电站位置进行了调整。根据环境保护部《关于印发〈输变电建设项目重大变动清单（试行）〉的通知》（简称"84 号文"），站址变更位移超过 500 米为重大变更，需重新进行环境评价。本案变电站位移属于一般变更。由于涉案变电站位移不属于重大变更且原告不在输变电线路评价范围内，因此，环评报告中公众参与事项符合《环境影响评价公众参与暂行办法》《500 千伏超高压送变电工程电磁辐射环境影响评价技术规范》相关规定。未支持原告关于涉案项目应重新进行环境影响评价的观点及诉讼请求。二审维持原判。

---

❶　本案关于环境影响评价的变压器噪声部分，见第五章第三节"输变电工程噪声应低于标准限值，满足环评要求"相关内容。

案例 2： 调整的桩基并未超出原有红线范围不需要另行报批变更

案号：（2018）苏 06 民终 3238 号

2015 年 10 月 23 日，某省发展和改革委员会核准同意建设 220 千伏输变电工程等电网项目。2016 年 8 月 23 日，供电公司与某公司签订输变电工程施工合同。供电公司在施工过程中经过实地勘查，认为原有线路存在瑕疵而要求变更塔基位置，经原设计单位变更设计后对线路进行了调整。项目涉及曹某的青苗补偿等费用，已经发放至原告曹某的银行卡上。但原告认为 33 号塔基经设计变更塔基站点违法，因此在其承包地上建设塔基的行为不合法，故对该笔款项未领取。

一审、二审法院均认为，供电公司已就案涉工程取得了省发展和改革委员会项目核准批文手续及批准的规划红线，33 号塔基经设计变更后仍在红线范围内。调整的桩基并未超出原有红线范围则应当视为仅属施工变更而不是线路整体方位的变更，不需要另行报批变更红线图，现有证据不能证明变更塔基站点已经超出了原有红线范围，则应当确认其变更具有合法性，故供电公司的建设行为合法有据。

案例 3： 规划调整后线路经过居民区，要求移除的请求不属于民事诉讼受理范围

案号：（2017）苏 03 民终 2236 号

2014 年 1 月 8 日，某市规划局向供电公司下发建设项目规划意见，同意供电公司电厂配套 220 千伏供电工程规划建设。2015 年 8 月 7 日，市规划局作出电厂配套送出 220 千伏线路规划调整的规划意见。该意见所附征求意见示意图显示,调整后的线路穿过该市某居民委员会居民区。2016 年 8 月 22 日，原告刘某等 16 人诉至法院。刘某等人认为，行政机关规划调整的线路违反电力设施保护条例等相关法律规定。

一审法院认为，案涉工程系经省、市、区各级行政机关审批而建设,刘某等 16 人要求移除该高压输电线路的请求,并非人民法院受理民事诉讼的范围，依法驳回起诉。

二审法院认为，涉案高压线路经省、市、区行政职能部门立项、规划、建设、环评、社会稳定风险评估等行政审批和评估,刘某等 16 人也没有充分证据证明涉案高压线路存在危险,同时其要求移除该高压输电线路的请求也不属人民法院受理民事诉讼的范围。二审法院裁定驳回上

诉，维持原裁定。

二、法律分析

（一）关键法条

1. 《行政许可法》（2019 年 4 月 23 日修正）

第四十九条 被许可人要求变更行政许可事项的，应当向作出行政许可决定的行政机关提出申请；符合法定条件、标准的，行政机关应当依法办理变更手续。

2. 《城乡规划法》（2019 年 4 月 23 日第二次修正）

第四十三条 建设单位应当按照规划条件进行建设；确需变更的，必须向城市、县人民政府城乡规划主管部门提出申请。变更内容不符合控制性详细规划的，城乡规划主管部门不得批准。城市、县人民政府城乡规划主管部门应当及时将依法变更后的规划条件通报同级土地主管部门并公示。建设单位应当及时将依法变更后的规划条件报有关人民政府土地主管部门备案。

3. 《建设项目用地预审管理办法》（根据 2016 年 11 月 25 日《国土资源部关于修改〈建设项目用地预审管理办法〉的决定》第二次修正）

第十五条 建设项目用地预审文件有效期为三年，自批准之日起计算。已经预审的项目，如需对土地用途、建设项目选址等进行重大调整的，应当重新申请预审。

4. 《企业投资项目核准和备案管理办法》（自 2017 年 4 月 8 日起施行）

第十一条 企业拟变更已核准项目的建设地点，或者拟对建设规模、建设内容等作较大变更的，应当向核准机关提出变更申请。核准机关应当自受理申请之日起 20 个工作日内，作出是否同意变更的书面决定。

5. 《环境影响评价法》

第二十四条 建设项目的环境影响评价文件经批准后，建设项目的性质、规模、地点、采用的生产工艺或者防治污染、防止生态破坏的措施发生重大变动的，建设单位应当重新报批建设项目的环境影响评价文件。建设项目的环境影响评价文件自批准之日起超过五年，方决定该项目开工建设的，其环境影响评价文件应当报原审批部门重新审核；原审批部门应当自收到建设项目环境影响评价文件之日起十日内，将审核意见书面通知建设单位。

6.《关于印发〈输变电建设项目重大变动清单（试行）〉的通知》（环办辐射〔2016〕84 号）

（1）电压等级升高。

（2）主变压器、换流变压器、高压电抗器等主要设备总数量增加超过原数量的 30%。

（3）输电线路路径长度增加超过原路径长度的 30%。

（4）变电站、换流站、开关站、串补站站址位移超过 500 米。

（5）输电线路横向位移超出 500 米的累计长度超过原路径长度的 30%。

（6）因输变电工程路径、站址等发生变化，导致进入新的自然保护区、风景名胜区、饮用水水源保护区等生态敏感区。

（7）因输变电工程路径、站址等发生变化，导致新增的电磁和声环境敏感目标超过原数量的 30%。

（8）变电站由户内布置变为户外布置。

（9）输电线路由地下电缆改为架空线路。

（10）输电线路同塔多回架设改为多条线路架设累计长度超过原路径长度的 30%。

（二）要点简析

根据《行政许可法》第四十九条，被许可人要求变更行政许可事项的，应当向作出行政许可决定的行政机关提出申请；符合法定条件、标准的，行政机关应当依法办理变更手续。

电网工程项目在开展项目前期工作过程中，如遇建设规模、建设内容等变更的，需要按照相关规定办理相应的手续。

一是规划条件变更应重新办理选址意见书。根据《城乡规划法》第四十三条，建设单位应当按照规划条件进行建设；确需变更的，必须向市、县人民政府城乡规划主管部门提出申请。变更内容不符合控制性详细规划的，城乡规划主管部门不得批准。

二是重大调整应重新办理土地预审。根据《建设项目用地预审管理办法》第十五条，建设项目用地预审文件有效期为三年，自批准之日起计算。已经预审的项目，如需对土地用途、建设项目选址等进行重大调整的，应当重新申请预审。

三是较大变更应提出核准变更申请。项目核准后，根据《企业投资项目核准和备案管理办法》第十一条，企业拟变更已核准项目的建设地点，或者拟对建设规模、建设内容等作较大变更的，应当向核准机关提出变更申请。以下四种情况需要办理变更手续：①建设地点发生变更的；②投资规模、建设规模、建设内容发生较大变化的；③项目变更可能对经济、社会、环境等产生重大不利影响的；④需要对项目核准文件所规定的内容进行调整的其他重大情形。项目单位应当及时以书面形式向原项目核准机关提出变更申请，办理变更手续的程序及要求与初次办理项目核准程序相同。

四是重大变动应重新报批环境影响评价文件。根据《环境影响评价法》第二十四条，建设项目的环境影响评价文件经批准后，建设项目的性质、规模、地点、采用的生产工艺或者防治污染、防止生态破坏的措施发生重大变动的，建设单位应当重新报批建设项目的环境影响评价文件。输变电建设项目哪些情况属于重大变动，详见"84号文"。

三、防范重点

1. 规划红线内的变更不需要重新办理项目核准

建设项目审批之后发生变化，是否属于重大变更，在实际工作中不好把握。电网工程变更遇到比较多的是线路路径变更、所址或变压器等设备落地点变化。对于地点位移比较小，线路路径在规划红线内的变更，不需要重新办理审批手续。详见本节案例2。

2. 非重大变动不需要重新报批环境影响评价文件

工作中经常遇见一些建设项目在环评审批之后发生变化，针对这种变化是否属于重大变更的问题，"84号文"作了明确的界定，为具体操作提供了依据。如本节案例1，涉案变电站站址变更位移未超过500米，不属于重大变更，不需重新进行环境影响评价。

第五章　环　境　影　响　评　价

第一节　环评分类分级管理，100 千伏以下项目不需环评

一、参考案例

案例 1：110 千伏输变电项目仅要求制作环境影响报告表

案号：（2014）宁行初字第 249 号、（2015）苏环行终字第 00002 号

某市供电公司因计划建设包括本案所涉的 110 千伏变电站在内的 10 项输变电工程，委托有环境影响评价资质的某省电力技术有限公司编制了环境影响报告表。2009 年 10 月 26 日，市环境保护局对环境影响报告表预审后报省环保厅审批。省环保厅经审查，于 2009 年 11 月 23 日作出环评批复，同意市供电公司建设该批输变电工程。2012 年 9 月 17 日，市规划局就建设变电站召开规划选址听证会，蔡某、张某、陈某等三人参加了该听证会，并获知某省环保厅作出了环评批复。2014 年 8 月至 9 月期间，蔡某、张某、陈某以某省环保厅为被告，请求撤销该厅作出的环评批复。

一审法院认为，省环保厅作为省级环境保护行政主管部门，对涉案的变电站建设项目环境影响报告表具有审批的法定职权。省环保厅在审查市供电公司提交的环境影响报告表、市供电公司的上级主管部门省电力公司的预审意见、市环境保护局的审查意见以及市规划局选址意见的基础上作出环评批复，符合《环境影响评价法》第二十二条的规定。本案争议所涉变电站为 110 千伏输变电工程，根据《环境影响评价法》第十六条、环境保护部《建设项目环境影响评价分类管理名录》的规定，该项目属于可能造成轻度环境影响的建设项目。现行法律、法规、规章未规定作出此类许可前需进行听证，某省环保厅在作出环评批复前未进行听证，并不违反《行政许可法》的强制性规定。某省环保厅作出的环评批复事实清楚、适用法律正确、行政程序合法。判决驳回蔡某、张某、陈某的诉讼请求。二审驳回上诉，维持原判。

案例 2：220 千伏输变电项目不需要制作环境影响报告书且市环保局有审批权限

案号：（2018）最高法行申 3656 号

2016 年 12 月 8 日，原告向某省环保厅邮寄查处违法行为申请书，认为在建 220 千伏输变电工程存在未编制环境影响评价报告书等违法行为，要求查处前述项目工程，并责令供电公司立即停止该建设项目工程施工。2017 年 1 月 12 日，省环保厅发函委托市环保局调查后作出复函，称案涉项目 2016 年 11 月 25 日取得市环保局出具的环评文件审批意见，不存在违反建设项目环境保护相关规定的环境违法行为。原告不服，于 2017 年 2 月 6 日向省人民政府申请行政复议，省人民政府复议决定，维持环保厅作出的复函。原告仍不服，诉至法院，请求撤销复函及复议决定，并责令省环保厅查处 220 千伏变电站的建筑施工。

一审法院认为，案涉项目已开展环境影响评价，编制有环境影响评价报告表，并经环保部门审批同意项目实施，经调查也未发现该工程存在其他环境违法行为，故省环保厅作出的复函并无不当。案涉 220 千伏输变电工程为送（输）变电工程，频率为 50 赫兹，不属于大型电磁辐射发射设施或高频设备，原告关于违反《电磁辐射环境保护管理办法》规定的主张，不能成立。判决驳回原告的诉讼请求。二审法院以与一审基本相同的理由，判决驳回上诉，维持一审判决。

原告申请再审提出市环保局无审批权限。

最高人民法院再审认为，220 千伏输变电工程开展了环境影响评价，编制有环境影响评价报告表，并取得了环保部门出具的环评文件审批意见。调查中未发现该工程存在其他环境违法行为。对于案涉 220 千伏输变电工程，市环保局具有审批权限，不存在越权审批的问题。裁定驳回再审申请。

案例 3：在先建设的输变电工程环保评价程序合法，批复不必撤销

案号：（2019）鲁 01 行终 749 号

2013 年 10 月 10 日，某省环境保护厅对 220 千伏输变电工程环境影响报告表作出审查公示。公示期满后于 2013 年 11 月 4 日作出关于省电力公司某庄等 28 项 220 千伏输变电工程环境影响报告表的批复。原告认为 220 千伏输变电工程的空中输电线跨越原告厂房，对原告厂房及房屋正常使用造成严重影响，且未与原告达成协议，遂提起行政复议。2018 年

10月30日，被告省人民政府作出行政复议，维持省环境保护厅作出的批复。原告不服提起行政诉讼。

一审法院认为，环境科学学会出具包括本案涉及工程线路的环境影响报告表技术评估报告后，省电力公司向被告申请对环境影响报告表进行审批，被告对涉案环境影响报告表受理并予以公示，经审查并公示后作出关于省电力公司某庄等28项220千伏输变电工程环境影响报告表的批复，且在该批复中对输电线路项目建设中落实各项生态保护和污染防治的各项措施以及工程施工期环境保护管理等情况，均提出相应的具体要求。省环境保护厅作出批复的程序合法。根据《建设项目环境影响评价分类管理名录》，原告的厂房不属于环境敏感区。原告经营的油坊厂在工商行政管理部门注册的日期为2018年11月30日，晚于涉案批复作出日期2013年11月4日。220千伏输变电工程建设项目环境影响报告表中也提出了关于距离民房较近的线路应如何处理的建议。判决驳回原告朱某的诉讼请求。

二审法院认为，上诉人二审中提出的主张、理由和新证据，主要集中在220千伏输变电工程建设项目所架设线路对上诉人造成的安全威胁和存在的安全隐患问题。一方面，涉案批复于2013年作出，并于其后由第三人执行并施工；该批复行为发生于上诉人进行经营之前，批复作出时不可能考虑到上诉人2018年开始的经营项目，并有针对性地采取安全措施。另一方面，被上诉人作出涉案批复与第三人实际执行批复属于不同主体作出的不同性质的行为；如果上诉人认为第三人架设的线路不符合批复要求或者当前存在安全隐患、对上诉人造成潜在威胁或造成实际损失，可通过民事途径寻求救济。上诉人以此为由倒推涉案批复存在违法，欠缺法律依据。判决驳回上诉，维持原判。

二、法律分析

（一）关键法条和依据

1. 《环境影响评价法》

第十六条 国家根据建设项目对环境的影响程度，对建设项目的环境影响评价实行分类管理。

建设单位应当按照下列规定组织编制环境影响报告书、环境影响报告表或者填报环境影响登记表（以下统称环境影响评价文件）：

（一）可能造成重大环境影响的，应当编制环境影响报告书，对产生的环境影响进行全面评价；

（二）可能造成轻度环境影响的，应当编制环境影响报告表，对产生的环境影响进行分析或者专项评价；

（三）对环境影响很小、不需要进行环境影响评价的，应当填报环境影响登记表。建设项目的环境影响评价分类管理名录，由国务院环境保护行政主管部门制定并公布。

第二十一条 除国家规定需要保密的情形外，对环境可能造成重大影响、应当编制环境影响报告书的建设项目，建设单位应当在报批建设项目环境影响报告书前，举行论证会、听证会，或者采取其他形式，征求有关单位、专家和公众的意见。

建设单位报批的环境影响报告书应当附具对有关单位、专家和公众的意见采纳或者不采纳的说明。

第二十二条 建设项目的环境影响报告书、报告表，由建设单位按照国务院的规定报有审批权的生态环境主管部门审批。

海洋工程建设项目的海洋环境影响报告书的审批，依照《中华人民共和国海洋环境保护法》的规定办理。

审批部门应当自收到环境影响报告书之日起六十日内，收到环境影响报告表之日起三十日内，分别作出审批决定并书面通知建设单位。

国家对环境影响登记表实行备案管理。

审核、审批建设项目环境影响报告书、报告表以及备案环境影响登记表，不得收取任何费用。

第二十三条 国务院生态环境主管部门负责审批下列建设项目的环境影响评价文件：

（一）核设施、绝密工程等特殊性质的建设项目；

（二）跨省、自治区、直辖市行政区域的建设项目；

（三）由国务院审批的或者由国务院授权有关部门审批的建设项目。

前款规定以外的建设项目的环境影响评价文件的审批权限，由省、自治区、直辖市人民政府规定。

建设项目可能造成跨行政区域的不良环境影响，有关生态环境主管部门对该项目的环境影响评价结论有争议的，其环境影响评价文件由共同的上一级生态环境主管部门审批。

2.《建设项目环境保护分类管理名录（试行）》（环发〔1999〕99 号）（1999 年 4 月 19 日公布）

项目类别	划分标准	环境特征	备注
输变电工程	500 千伏（含）以上	全部	
	500 千伏以下	敏感	

3.《建设项目环境保护分类管理名录》（国家环境保护总局令第 14 号）（自 2003 年 1 月 1 日起施行）

项目类别 ＼ 环评类别	编制环境影响报告书	编制环境影响报告表	填写环境影响登记表
电力、蒸汽、热水生产供应输变电工程及电力供应	500 千伏及以上；500 千伏以下，敏感区	500 千伏以下，非敏感区，直流输电	—

4.《建设项目环境影响评价分类管理名录》（环境保护部令第 2 号）（自 2008 年 10 月 1 日起施行）

第三条 本名录所称环境敏感区，是指依法设立的各级各类自然、文化保护地，以及对建设项目的某类污染因子或者生态影响因子特别敏感的区域，主要包括：

（一）自然保护区、风景名胜区、世界文化和自然遗产地、饮用水水源保护区；

（二）基本农田保护区、基本草原、森林公园、地质公园、重要湿地、天然林、珍稀濒危野生动植物天然集中分布区、重要水生生物的自然产卵场及索饵场、越冬场和洄游通道、天然渔场、资源性缺水地区、水土流失重点防治区、沙化土地封禁保护区、封闭及半封闭海域、富营养化水域；

（三）以居住、医疗卫生、文化教育、科研、行政办公等为主要功能的区域，文物保护单位，具有特殊历史、文化、科学、民族意义的保护地。

环评类别 项目类别	报 告 书	报告表	登记表	本栏目环境 敏感区含义
E 电力 6. 送（输）变电工程	500 千伏以上；330 千伏以上，涉及环境敏感区的	其他	—	（一）和（三）

5.《建设项目环境影响评价分类管理名录》（环境保护部令第 33 号）（自 2015 年 6 月 1 日起施行）

环评类别 项目类别	报告书	报告表	登记表	本栏目环境敏感区含义
E 电力 35. 送（输）变电工程	500 千伏及以上；涉及环境敏感区的；330 千伏及以上	其他（不含100 千伏以下）	—	（一）中的全部；（三）中的全部

6.《建设项目环境影响评价分类管理名录》（环境保护部令第 44 号）（2017 年 9 月 1 日起施行）

第三条 本名录所称环境敏感区是指依法设立的各级各类保护区域和对建设项目产生的环境影响特别敏感的区域，主要包括生态保护红线范围内或者其外的下列区域：

（一）自然保护区、风景名胜区、世界文化和自然遗产地、海洋特别保护区、饮用水水源保护区；

（二）基本农田保护区、基本草原、森林公园、地质公园、重要湿地、天然林、野生动物重要栖息地、重点保护野生植物生长繁殖地、重要水生生物的自然产卵场、索饵场、越冬场和洄游通道、天然渔场、水土流失重点防治区、沙化土地封禁保护区、封闭及半封闭海域；

（三）以居住、医疗卫生、文化教育、科研、行政办公等为主要功能的区域，以及文物保护单位。

环评类别 项目类别	报告书	报告表	登记表	本栏目环境敏感区含义
五十、核与辐射 181 输变电工程	500 千伏及以上；涉及环境敏感区的330 千伏及以上	其他（100千伏以下除外）	—	第三条（一）中的全部区域；第三条（三）中的以居住、医疗卫生、文化教育、科研、行政办公等为主要功能的区域

7.《建设项目环境影响评价文件分级审批规定》（环境保护部令第 5 号）（自 2009 年 3 月 1 日起施行）

第五条 环境保护部负责审批下列类型的建设项目环境影响评价文件：

（一）核设施、绝密工程等特殊性质的建设项目；

（二）跨省、自治区、直辖市行政区域的建设项目；

（三）由国务院审批或核准的建设项目，由国务院授权有关部门审批或核准的建设项目，由国务院有关部门备案的对环境可能造成重大影响的特殊性质的建设项目。

第八条 第五条规定以外的建设项目环境影响评价文件的审批权限，由省级环境保护部门参照第四条及下述原则提出分级审批建议，报省级人民政府批准后实施，并抄报环境保护部。

（一）有色金属冶炼及矿山开发、钢铁加工、电石、铁合金、焦炭、垃圾焚烧及发电、制浆等对环境可能造成重大影响的建设项目环境影响评价文件由省级环境保护部门负责审批。

（二）化工、造纸、电镀、印染、酿造、味精、柠檬酸、酶制剂、酵母等污染较重的建设项目环境影响评价文件由省级或地级市环境保护部门负责审批。

（三）法律和法规关于建设项目环境影响评价文件分级审批管理另有规定的，按照有关规定执行。

第九条 建设项目可能造成跨行政区域的不良环境影响，有关环境保护部门对该项目的环境影响评价结论有争议的，其环境影响评价文件由共同的上一级环境保护部门审批。

8.《生态环境部审批环境影响评价文件的建设项目目录（2019 年本）》

电网工程：跨境、跨省（区、市）（±）500 千伏及以上交直流输变电项目。

（二）要点简析

1. 输变电工程项目环境影响评价实行分类管理

《环境影响评价法》第十六条规定，国家根据建设项目对环境影响的程度，将建设项目分为可能造成重大环境影响、可能造成轻度环境影响、对环境影响较小三类，并要求建设单位根据该规定，按照环境影响的大小，分别编制环境影响报告书、环境影响报告表或者环境影响登记表。

2. 输变电工程项目的环境影响评价文件实行分级审批

根据《环境影响评价法》第二十二至二十四条和《建设项目环境影响评价文件分级审批规定》第五、八、九条及《生态环境部审批环境影响评价文件的建设项目目录》（2019年本）规定，国务院生态环境主管部门负责审批下列建设项目的环境影响评价文件：核设施、绝密工程等特殊性质的建设项目；跨省、自治区、直辖市行政区域的建设项目；由国务院审批的或者由国务院授权有关部门审批的建设项目。

跨境、跨省（区、市）（±）500千伏及以上交直流输变电项目由生态环境部负责审批。此外的建设项目的环境影响评价文件的审批权限，由省、自治区、直辖市人民政府规定。建设项目可能造成跨行政区域的不良环境影响，有关生态环境主管部门对该项目的环境影响评价结论有争议的，其环境影响评价文件由共同的上一级生态环境主管部门审批。环境影响登记表则实行备案管理。目前输变电项目不涉及需要填写环境影响登记表并报备案的项目。

3. 输变电工程环境影响评价应关注《建设项目环境保护分类管理名录》的变化

《建设项目环境保护分类管理名录（试行）》是1999年根据国务院颁布的《建设项目环境保护管理条例》第七条规定制定的。二十年来，国家环保总局对该名录进行了多次补充和修改。《建设项目环境保护分类管理名录》关于"输变电工程"的规定，详见前文"关键法条"。现归纳"输变电工程"环境影响分类管理历次修订的主要不同点如下：

一是项目类别变化。2017年首次将"输变电工程"的项目类别归于"核与辐射"。之前几次修订均归类在"电力"大类。

二是环评类别的电压等级规定略有差异。需要制作环评报告书的类别，以500千伏输变电工程项目为例，1999年"为500千伏（含）以上和500千伏以下敏感区"；2008年为"500千伏以上；330千伏以上，涉及环境敏感区"，未包括500千伏非环境敏感区；2015年和2017年修订为"500千伏及以上；涉及环境敏感区的330千伏及以上"。

三是关于输变电工程的敏感区域有调整。敏感区域由2008、2015年目录中的"以居住、医疗卫生、文化教育、科研、行政办公等为主要功能的区域，文物保护单位，具有特殊历史、文化、科学、民族意义的保护地。"调整为"以居住、医疗卫生、文化教育、科研、行政办公等为主要功能的区域"，即 2017 年的目录未将"文物保护单位，具有特殊历史、文化、科学、民族意义的保护地"列为输变电工程的敏感区域。

4. 100 千伏以下输变电项目不需要作环境影响评价

根据 2015 年和 2017 年的《建设项目环境保护分类管理名录》，除"500 千伏及以上；涉及环境敏感区的 330 千伏及以上"的送（输）变电工程需要制作环境影响报告书外，其他类送（输）变电工程应制作环境影响报告表。该"其他"专门指出"不含 100 千伏以下"。即 100 千伏以下电网工程项目不需要制作环境影响报告表报生态环境主管部门审批，也不需要制作环境影响登记表报生态环境主管部门备案。

5. 需编制作环评报告书的电网项目应举行论证会、听证会

《环境影响评价法》第二十一条规定，除国家规定需要保密的情形外，对环境可能造成重大影响、应当编制环境影响报告书的建设项目，建设单位应当在报批建设项目环境影响报告书前，举行论证会、听证会，或者采取其他形式，征求有关单位、专家和公众的意见。对编制环境影响登记表的项目，无组织公众听证会的强制性规定。

如本节案例 1，法院认为，根据《城市电力规划规范》（GB 50293—1999）第 7.2.3 条规定，城市变电所规划选址应当靠近负荷中心。一般而言，人口密集地区必然用电负荷较大，变电站规划选址靠近小区、学校、医院等人口密集地区，不违反《城市电力规划规范》要求。案涉变电站为 110 千伏变电站，属于城市公用配套基础设施，并非工业生产设施，不属于在风景名胜区、自然保护区和其他需要特别保护的区域内禁止建设的项目。根据《建设项目环境影响评价分类管理名录》，系可能造成轻度环境影响的应当编制环境影响报告表的建设项目。编制环境影响报告表依法不需要组织听证，因此法院认定省环保厅的审批行为程序合法。

三、防控重点

输变电工程项目即使经过合法环评，也应加强信息沟通。电力是关系国计民生的基础产业，电力供应和安全事关国家安全战略，事关经济

社会发展全局。只有加强城乡电网建设改造力度，才能建成城乡统筹、安全可靠、经济高效、技术先进、环境友好、与小康社会相适应的现代化电网，为经济社会发展提供源源不断的能源供应。供电企业在电网建设过程中，应加强政策研究和突发事件防范，确保电网建设项目有效落地。

本节案例 1 的二审法院关于电磁环境影响的审判意见如下：虽然被诉环评行政许可行为合法、适当，但信息沟通问题依然要引起行政主管部门的关注。公众参与既是环境保护法所确立的环境保护的基本原则，也是环境保护的基石。变电站是现代城市必不可少的基础设施之一。虽然世界卫生组织在《环境准则：极低频场》中认为，变电站等建设项目对环境所造成的影响有限并且可控。对环境影响较小的建设项目，提出过高的防护要求，不仅不科学，也不经济。但是因为对信息掌握不充分，公众很难准确了解电磁对人体健康的影响。对未知事物的猜疑容易引发对自身环境安全的顾虑，从而对建设项目产生抵触，引发矛盾纠纷。虽然本案被诉行政行为程序并不违法，但仍建议有关行政主管部门在相关行政许可过程中，通过公开、有效的沟通，加强环境信息的公开，让公众充分了解建设项目的环境影响，使所有利益相关者能够实现知情决断。供电公司应当将变电站工频电磁场在线监测系统的显示屏置于更加醒目的位置，方便公众及时了解变电站边界电磁场的实时数据，更加充分地保障公众对环境信息的知情权，从而更为有效地预防矛盾纠纷。

以上裁判意见，应引起供电企业的注意。

第二节　环评开工前完成，电网应严防
电磁环境影响案件

一、参考案例

案例 1：磁场强度经第三方检测符合规范，220 千伏线路不需迁移

案号：（2016）京 0107 民初 14695 号、（2017）京 01 民终 3310 号、（2018）京民申 757 号

2013 年 4 月，被告某供电公司开工建设 220 千伏变电站架空线路工

程，2014 年 5 月投运，投运后共有 16 根高压线路穿越原告陈某所在小区。原告陈某以及部分沿线小区居民对工程的安全性及环保提出质疑，向各机关投诉或信访。2014 年 4 月至 6 月，经各小区居民代表选定、由政府部门委托第三方检测机构对该线路周边的电场强度及磁场强度进行了检测，所测得数据均符合国家相应标准。该工程导线距离平地最小距离为 15 米，边导线距离原告房屋最近距离为 19 米，均在标准范围内。2016 年 12 月，原告陈某提起诉讼，请求法院判令拆除铁塔或将高压线埋入地下，赔偿各项损失 800000 元。

法院认为，该工程的立项、规划、验收、环保均符合规定，第三方机构测得的相关数据均在国家标准范围内，故不会对原告的生命财产安全构成威胁。且该工程具有重大社会公众利益，无论移除或改建都会造成重大社会财富浪费及不良社会影响，故驳回原告请求。二审法院维持原判。原告不服判决，提起再审申请，被驳回。

案例 2：500 千伏输电线路电磁环境影响符合国家标准要求不必迁移❶

案号：（2018）皖 0881 民初 266 号、（2018）皖 08 民终 1454 号

原告阮某夫妇 1994 年申请获得一宗宅基地后，自建三底三上楼房一幢。被告电力公司于 2011 年度开始建设 500 千伏输变电工程，并于 2012 年投入运行至今。2017 年原告从外地打工回家发现该线路，认为该线路不仅严重侵害了其合法居住环境，而且还给其家庭生活造成严重的安全隐患。2017 年 9 月 12 日，被告委托相关机构对涉案线路与原告房屋的环境进行检测，原告房屋的工频电场强度为 0.21～0.617 千伏/米，小于国家标准的 4 千伏/米，工频磁感应强度为 0.218～0.498 微特斯拉，小于国家标准的 100 微特斯拉。被告认为以上均符合国家标准，并未对原告造成妨碍。2018 年 1 月 10 日阮某提起诉讼，请求被告排除妨碍，迁移高压线路，还原告一个安全的家庭环境。

一审法院认为：被告已委托相关机构测试原告房屋的工频电场、磁场强度，均符合国家要求，原告向法庭提交的照片证据，仅能证明涉案高压线路与原告房屋存在相邻关系的事实，并不能证明涉案线路对原告造成妨碍，影响原告的居住和生活。未支持原告诉讼请求。二审法

---

❶ 本案关于电力设施保护区的案情简介，详见本章第八节"电力设施保护区不是安全距离，与环保拆迁无必然联系"相关内容。

院维持原判。

二、法律分析

（一）关键法条和参考资料

1. 《环境影响评价技术导则 输变电工程》（HJ24—2014）❶

表1   输变电工程主要环境影响评价因子汇总表

评价 阶段	评价 项目	现状评价因子	国际 英文 单位	预测评价因子	国际 英文 单位
施工期	声环境	昼间、夜间等效声级，Leq	dB（A）	昼间、夜间等效声级，Leq	dB（A）
运行期	电磁 环境	工频电场	kV/m	工频电场	kV/m
		工频磁场	μT	工频磁场	μT
		合成电场	kV/m	合成电场	kV/m
	声环境	昼间、夜间等效声级，Leq	dB（A）	昼间、夜间等效声级，Leq	dB（A）
	地表水	pH[a]、COD、BOD5、NH₃-N、石油类	mg/m³	pH[a]、COD、BOD5、NH₃-N、石油类	mg/m³

a pH 值无量纲。

4.6.1 电磁环境影响评价工作等级

电磁环境影响评价工作等级划分为三级，一级评价对电磁环境影响进行全面、详细、深入评价；二级评价对电磁环境影响进行较为详细、深入评价；三级评价可只进行电磁环境影响分析。工作等级的划分见表2。

开关站、串补站电磁环境影响评价等级根据表2中同电压等级的变电站确定；换流站电磁环境影响评价等级以直流侧电压为准，依照表2中的直流工程确定。

进行电磁环境影响评价工作等级划分时，如工程涉及多个电压等级

---

❶ 《环境影响评价技术导则 输变电工程》（HJ24—2019）（征求意见稿）取消了"地表水"作为输变电工程主要环境影响评价因子。但本书成稿时《环境影响评价技术导则 输变电工程》（HJ24—2019）尚未查询到正式稿。读者可自行更新最新版本。

或涉及交、直流的组合时，应以相应的最高工作等级进行评价。

表2 输变电工程电磁环境影响评价工作等级

分类	电压等级	工程	条　件	评价工作等级
交流	110千伏	变电站	户内式、地下式	三级
			户外式	二级
		输电线路	（1）地下电缆。 （2）边导线地面投影外两侧各10米范围内无电磁环境敏感目标的架空线	三级
			边导线地面投影外两侧各10米范围内有电磁环境敏感目标的架空线	二级
	220～330千伏	变电站	户内式、地下式	三级
			户外式	二级
		输电线路	（1）地下电缆。 （2）边导线地面投影外两侧各15米范围内无电磁环境敏感目标的架空线	三级
			边导线地面投影外两侧各15米范围内有电磁环境敏感目标的架空线	二级
	500千伏及以下	变电站	户内式、地下式	二级
			户外式	一级
		输电线路	（1）地下电缆。 （2）边导线地面投影外两侧各20米范围内无电磁环境敏感目标的架空线	二级
			边导线地面投影外两侧各20米范围内有电磁环境敏感目标的架空线	一级
直流	±40千伏及以下	—	—	一级
	其他	—	—	二级

4.10　电磁环境影响评价的基本要求

4.10.1　一级评价的基本要求

对于输电线路，其评价范围内具有代表性的敏感目标和典型线位的电磁环境现状应实测，对实测结果进行评价，并分析现有电磁源的构成及其对敏感目标的影响；电磁环境影响预测应采用类比监测和模式预测结合的方式。

对于变电站、换流站、开关站、串补站，其评价范围内临近各侧站界的敏感目标和站界的电磁环境现状应实测，并对实测结果进行评价，分析现有电磁源的构成及其对敏感目标的影响；电磁环境影响预测应采用类比监测的方式。

2.《电磁环境控制限值》（GB 8702—2014）（自 2015 年 1 月 1 日起实施）

4.1 公众曝露控制限值

为控制电场、磁场、电磁场所致公众曝露，环境中电场、磁场、电磁场场量参数的方均根值应满足表 1 要求。

表 1 公众暴露控制限值

频率范围	电场强度 E（V/m）	磁场强度 H（A/m）	磁感应强度 B（μT）	等效平面波功率密度 S_{eq}（W/m²）
1～8 赫兹	8000	$32000/f^2$	$40000/f^2$	—
8～25 赫兹	8000	$4000/f$	$5000/f$	—
0.025～1.2 千赫	$200/f$	$4/f$	$5/f$	—
1.2～2.9 千赫	$200/f$	3.3	4.1	—
2.9～57 千赫	70	$10/f$	$12/f$	—
57～100 千赫	$4000/f$	$10/f$	$12/f$	—
0.1～3 兆赫	40	0.1	0.12	4
3～30 兆赫	$67/f^{1/2}$	$0.17/f^{1/2}$	$0.21/f^{1/2}$	$12/f$
30～3000 兆赫	12	0.032	0.04	0.4
3000～15000 兆赫	$0.22f^{1/2}$	$0.00059f^{1/2}$	$0.00074f^{1/2}$	$f/7500$
15～300 吉赫	27	0.073	0.092	2

注 1. 频率 f 的单位为所在行中第一栏的单位。电场强度限值与频率变化关系见图 1，磁感应强度限值与频率变化关系见图 2。

2. 0.1 兆赫～300 吉赫频率，场量参数是任意连续 6 分钟内的方均根值。

3. 100 千赫以下频率，需同时限制电场强度和磁感应强度；100 千赫以上频率，在远场区，可以只限制电场强度或磁场强度，或等效平面波功率密度，在近场区，需同时限制电场强度和磁场强度。

4. 架空输电线路线下的耕地、园地、牧草地、畜禽饲养地、养殖水面、道路等场所，其频率 50 赫兹的电场强度控制限值为 10 千伏每米，且应给出警示和防护指示标志。

对于脉冲电磁波，除满足上述要求外，其功率密度的瞬时峰值不得超过表 1 中所列限值的 1000 倍，或场强的瞬时峰值不得超过表 1 中所列限值的 32 倍。

5．豁免范围

从电磁环境保护管理角度，下列产生电场、磁场、电磁场的设施（设备）可免于管理：

——100 千伏以下电压等级的交流输变电设施。

——向没有屏蔽空间发射 0.1 兆赫～300 吉赫电磁场的，其等效辐射功率小于表 2 所列数值的设施（设备）。

表 2　　　　　　　可豁免设施（设备）的等效辐射功率

频率范围（兆赫）	等效辐射功率（瓦）
0.1～3	300
3～300000	100

（二）要点简析

1．电磁环境影响在日常生活中广泛存在

电磁环境影响在日常生活中广泛存在。宇宙中各种射线、粒子等形成的辐射同时作用于地球，以及地球自身的磁场、电荷构成了地球自然的电磁环境；日常生活中的各种设备、设施、材料也进一步加强了地球的电磁环境。人的一天中曝露在磁场中的强度变化大致如图 1 所示。

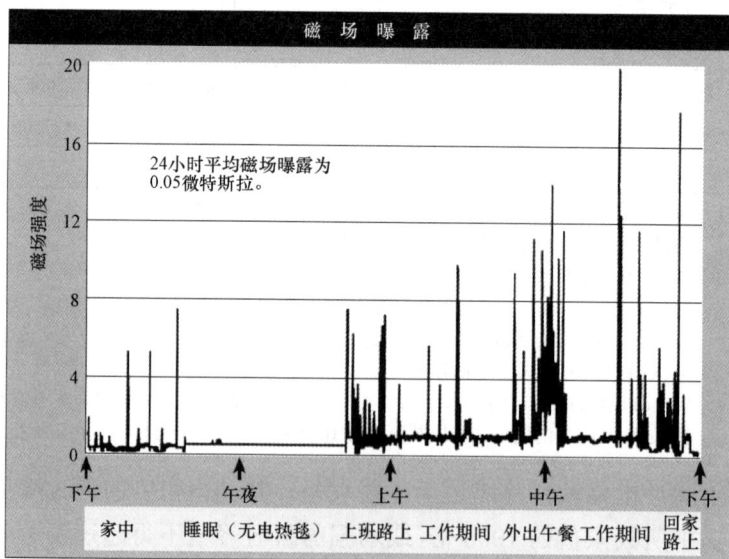

图 1　人的一天曝露在磁场中的强度变化

2. 工频电场和工频磁场随距离的增加而迅速衰减

变电站产生的主要电磁环境影响是频率在 50 赫兹的工频电场和工频磁场。工频电场和工频磁场随距离的增加而衰减的趋势非常明显，且工频磁场与工频电场相比强度随距离而下降的趋势更为明显。世界卫生组织编写、中国质检出版社和中国标准出版社于 2015 年 3 月出版的《环境健康准则：极低频场》中，针对极低频场对环境健康影响的分析认为，所有变电站内部设备在变电站范围之外产生的磁场可以忽略不计；虽然进出变电站的架空线路和地下电缆所产生的磁场可能影响到公众所能接近的区域，但磁场会随着与变电站之间距离的增加而快速下降，距离平均每增加 1.4 米磁场递减一半。该准则还指出：变电站建设项目会对环境造成一定的影响，需要制定曝露限值；现有的国际导则已经解决了极低频场曝露的急性生物影响问题，遵循这些导则，可提供足够的保护；采取一些适当的预防措施减少曝露是合理和正当的。

根据我国电磁环境质量标准《电磁环境控制限值》（GB 8702—2014）规定，工频电场强度限值为 4 千伏/米，工频磁感应强度限值为 100 微特斯拉，略严于世界卫生组织推荐的国际非电离辐射防护委员会 ICNIRP 导则规定限值。在满足该限值的情况下，变电站周围区域电磁环境质量和公众健康可以得到足够的保护。

3. 电磁环境影响实行分级评价

根据《环境影响评价技术导则 输变电工程》（HJ24—2014）表 1，输变电工程主要环境影响评价因子为声环境、电磁环境和地表水。但《环境影响评价技术导则 输变电工程》（HJ24—2019）的征求意见稿中，取消了"地表水"作为输变电工程主要环境影响评价因子。

电磁环境影响评价工作等级划分为三级，一级评价要求对电磁环境影响进行全面、详细、深入评价；二级评价要求对电磁环境影响进行较为详细、深入评价；三级评价可只进行电磁环境影响分析。

列入一级评价的输电线路，其评价范围内具有代表性的敏感目标和典型线位的电磁环境现状应实测，对实测结果进行评价，并分析现有电磁源的构成及其对敏感目标的影响；电磁环境影响预测应采用类比监测和模式预测结合的方式。对于变电站、换流站、开关站、串补站，其评价范围内临近各侧站界的敏感目标和站界的电磁环境现状应实测，并对实测结果进行评价，分析现有电磁源的构成及其对敏感目标的影响。

4. 输变电工程电磁环境影响评价范围随电压等级而变化

根据《环境影响评价技术导则　输变电工程》（HJ24—2014）4.7.1，电磁环境影响评价范围如表3。

表3　　　　　　　　　　输变电工程电磁环境影响评价范围

分类	电压等级	评价范围		
		变电站、换流站、开关站、串补站	线路	
			架空线路	地下电缆
交流	110 千伏	站界外 30 米	边导线地面投影两侧各 30 米	电缆管廊两侧边缘各外延 5 米（水平距离）
	220～330 千伏	站界外 40 米	边导线地面投影两侧各 40 米	
	500 千伏及以上	站界外 50 米	边导线地面投影两侧各 50 米	
直流	±100 千伏及以上	站界外 50 米	边导线地面投影两侧各 50 米	

图 2　500 千伏变电站、换流站、开关站、串补站的电磁影响评价范围

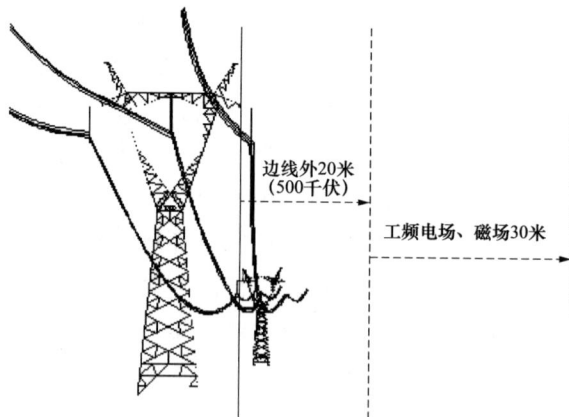

图 3　500 千伏架空输电线路的环境影响评价范围

5. 高压输变电项目环境影响评价应关注电磁环境影响国家标准的变化情况

2015 年 1 月 1 日，我国环保部与国家质检总局联合发布的《电磁环境控制限值》（GB 8702—2014）取代了原有的《电磁辐射防护规定》和《环境电磁波卫生标准》，在全国范围内正式实施。新旧标准的主要对比如下：

一是居民区电场强度、磁感应强度规定限值无变化。在《电磁环境控制限值》（GB 8702—2014）出台之前，输变电线路的电磁环境影响评价按照《关于高压送变电设施环境影响评价适用标准的复函》（环函〔2004〕253 号）和《500 千伏超高压送变电工程电磁辐射环境影响评价技术规范》（HJ/T 24—1998），居民区工频电场评价标准限值为 4kV/m，磁感应强度的评价标准参照公众全天辐射时的工频限值为 0.1 毫特斯拉。《电磁环境控制限值》（GB 8702—2014）发布后，50 赫兹输电线路的电场强度、磁感应强度规定限值与之前推荐使用的数值没有变化。

二是明确了野外电场强度限值。《电磁环境控制限值》规定了架空输电线路线下的耕地、园地、牧草地、畜禽饲养地、养殖水面、道路等场所，其频率 50 赫兹的电场强度控制限值为 10kV/m，且应给出警示和防护指示标志。

三是明确了 100 千伏以下交流项目不需要评价电磁环境。《电磁环境控制限值》规定对 100 千伏以下电压等级产生电磁场的交流输变电设施可免于管理，列入"豁免范围"。另外，2015 年和 2017 年的《建设项目环境保护分类管理名录》也规定，100 千伏以下电网工程项目不需要进行环评。

三、防控重点

供电企业应重视媒体的舆论导向作用，广泛开展环境保护宣传工作。当前，公众的环保意识和法律意识日益增强，逐步倾向于采取法律手段维权。政府部门或供电企业在程序方面、言行方面的细微差错都有可能在媒体的介入下被无限放大，处理不慎将造成不可预见的负面影响。政府相关部门和项目业主要做好宣传工作，通过有效途径向社会和公众提供公正、公开的环境信息，特别要加强对工频电场和工频磁场基本知识的普及宣传，树立政府、行政、司法部门以及社会公众对工频电场和工频磁场的正确认识，向公众解答疑问，促进沟通，消除隔阂，为电力建设营造和谐的外部环境。供电企业应争取环境保护部门的支持，在发生纠纷时，通过环境部门出面解释，提升解释的权威性。

四、其他参考案例

案例： 地铁变电站不单独适用输变电工程导则

案号：（2017）粤 03 行终 617、618 号

2015 年 6 月 17 日，环保部出具关于某地铁轨道规划调整（2011—2016）环境影响报告书的审查意见，包括 10 号线工程规划。某地铁集团于 2015 年 10 月 24 日在部分原告居住的小区发放及回收 10 号线工程公众意见征询表（个人）20 份。2015 年 11 月 17 日，某地铁集团进行了涉案工程环境影响评价的第三次公众参与网上信息公告，发布了环境影响评价有关信息及环境影响报告书全本初稿。2015 年 12 月，某地铁集团委托铁三院完成 10 号线工程环境影响报告书。该环评报告书在生态环境与社会经济影响评价、声环境影响评价、电磁环境影响评价、固体废物对环境影响分析等部分有关于变电站的内容。2016 年 1 月 12 日，市人居委在公示期满后经全面审查，作出了《关于〈某市城市轨道交通 10 号线工程环境影响报告书〉（报批稿）的批复》，同意地铁集团建设 10 号线工程项目，并当天在其官网公布，次日将批复送达地铁集团。王某等 18 人以及陈某等 17 人于 2016 年 6 月就环境影响报告书、市人居委《关于〈某市城市轨道交通 10 号线工程环境影响报告书〉（报批稿）的批复》中有关变电所的批复，向法院起诉。

一审判决驳回该两案 35 名原告的诉讼请求。

二审法院认为，铁三院编制 10 号线工程环评报告十日内即进行了第一次公众参与公告，并通过网络、电话及发放调查问卷形式征集公众意见，在"环评报告书"（报批稿）中有专门的公众参与章节，故 10 号线工程环评程序中关于公众参与的程序合法。该市人居委根据市政府投资项目跨部门协同办理改革对于建设项目选址文件的解释，在国土规划部门已经出具选址意见书的复函原则同意建设项目选址的情况下，作出同意批复许可并无不当。《城市轨道交通导则》中涉及变电站工程的内容与

《输变电工程导则》针对的是不同用电性质的输变电站工程。变电站属于涉案轨道交通工程的配套工程，应当适用《城市轨道工程导则》对其进行环境影响评价，不存在将变电站作为一个单独工程全部适用或单独适用《输变电工程导则》的问题。判决驳回上诉，维持原判。

第三节　输变电工程噪声应低于标准限值，满足环评要求

一、参考案例

案例：500 千伏输变电工程电磁环境及噪声低于评价标准限值，环评合法

案号：（2017）辽 01 行终 400 号

某省电力有限公司为满足该地南部地区电力负荷增长的需要，新建500 千伏输变电工程，位于某村。该工程选址及路径设计前期经能源、国土规划、地震、文物、水土、国家发展改革委、住房和城乡建设等部门审核。2013 年 3 月 5 日被告省环境保护厅作出 500 千伏输变电工程环境影响报告书批复。2014 年 4 月 8 日，原告自行委托中科院某科学仪器研制中心进行评估，结论：变电站运行必然产生强烈的电磁干扰，设备厂则需良好的电磁环境，二者相互矛盾、完全不可调和、电站不可能搬走，设备厂只能撤离，这可能是唯一的解决方案。原告认为，被告批复建设的变电站给其企业造成巨大损失，要求撤销被告作出的 500 千伏输变电工程环境影响报告书的批复，重新作出批复及判令被告、第三人赔偿原告地上物损失、搬迁损失、误工费损失 260 万元及上访相关费用合计 25万元。

关于电磁环境及噪声环境问题，一审法院认为，被告省环保厅审查了环境影响报告书，专家结论意见，所在地各级环保部门的预审意见，公众调查公示能够满足相关环评的技术要求，已尽到审慎的审查义务，故被告作出的批复符合相关法律规定，程序合法。变电站对原告产生噪声监测能够满足《声环境质量标准》（GB 3096—2008）标准要求。综上，被告作出的批复并无不当。因此对原告要求撤销被告为第三人作出批复

的诉讼请求不予支持。

二审法院认为，上诉人于2015年10月23日提起本诉超过起诉期限。判决驳回上诉，维持原判。

二、法律分析

（一）关键法条

1.《环境影响评价技术导则　输变电工程》（HJ24—2014）❶

4.5 评价标准

4.5.1 环境质量评价的标准应根据建设项目所在地区的要求执行相应环境要素的国家或地方环境质量标准。

4.7.3 声环境影响评价范围

变电站、换流站、开关站、串补站的声环境影响评价范围应按照 HJ 2.4—2014 的相关规定确定；架空输电线路工程的声环境影响评价范围参照表 3 中相应电压等级线路的评价范围；地下电缆可不进行声环境影响评价。

表3　　　　　　　　　输变电工程电磁环境影响评价范围

分类	电压等级	评价范围		
		变电站、换流站、开关站、串补站	线路	
			架空线路	地下电缆
交流	110千伏	站界外30米	边导线地面投影外两侧各30米	电缆管廊两侧边缘各外延5米水平距离
	220～330千伏	站界外40米	边导线地面投影外两侧各40米	
	500千伏及以上	站界外50米	边导线地面投影外两侧各50米	
直流	±100千伏及以上	站界外50米	极导线地面投影外两侧各50米	

2.《环境影响评价技术导则　声环境》（HJ2.4—2009）

5.2 评价等级划分

5.2.1 声环境影响评价工作等级一般分为三级，一级为详细评价，二级为一般性评价，三级为简要评价。

5.2.2 评价范围内有适用于 GB 3096—2008 规定的 0 类声环境功能区

---

❶ 本书成稿时《环境影响评价技术导则　输变电工程》（HJ24—2019）尚未查询到正式稿。读者可自行更新最新版本。

域，以及对噪声有特别限制要求的保护区等敏感目标，或建设项目建设前后评价范围内敏感目标噪声级增高量达 5 dB（A）以上［不含 5dB（A）］，或受影响人口数量显著增多时，按一级评价。

5.2.3 建设项目所处的声环境功能区为 GB 3096—2008 规定的 1 类、2 类地区，或建设项目建设前后评价范围内敏感目标噪声级增高量达 3～5dB（A）［含 5dB（A）］，或受噪声影响人口数量增加较多时，按二级评价。

5.2.4 建设项目所处的声环境功能区为 GB 3096 规定的 3 类、4 类地区，或建设项目建设前后评价范围内敏感目标噪声级增高量在 3dB（A）以下［不含 3dB（A）］，且受影响人口数量变化不大时，按三级评价。

6.1 评价范围的确定

6.1.1 声环境影响评价范围依据评价工作等级确定。

6.1.2 对于以固定声源为主的建设项目（如工厂、港口、施工工地、铁路站场等）：

　　a）满足一级评价的要求，一般以建设项目边界向外 200 米为评价范围；

　　b）二级、三级评价范围可根据建设项目所在区域和相邻区域的声环境功能区类别及敏感目标等实际情况适当缩小；

　　c）如依据建设项目声源计算得到的贡献值到 200 米处，仍不能满足相应功能区标准值时，应将评价范围扩大到满足标准值的距离。

　　3.《工业企业厂界环境噪声排放标准》（GB 12348－2008）

4.1 厂界环境噪声排放限值

4.1.1 工业企业厂界环境噪声不得超过表 1 规定的排放限值。

表 1　　　　工业企业厂界环境噪声排放限值　　　单位：dB（A）

边界处声环境功能区类型	时　　　段	
	昼间	夜间
0	50	40
1	55	45
2	60	50
3	65	55
4	70	55

4.1.2 夜间频发噪声的最大声级超过限值的幅度不得高于 10 dB（A）。

4.1.3 夜间偶发噪声的最大声级超过限值的幅度不得高于 15 dB（A）。

4.1.4 工业企业若位于未划分声环境功能区的区域，当厂界外有噪声敏感建筑物时，由当地县级以上人民政府参照 GB 3096—2008 和 GB/T 15190—2014 的规定确定厂界外区域的声环境质量要求，并执行相应的厂界环境噪声排放限值。

4.1.5 当厂界与噪声敏感建筑物距离小于 1m 时，厂界环境噪声应在噪声敏感建筑物的室内测量，并将表 1 中相应的限值减 10dB（A）作为评价依据。

4.《声环境质量标准》（GB 3096—2008）

按区域的使用功能特点和环境质量要求，声环境功能区分为以下五种类型：

0 类声环境功能区：指康复疗养区等特别需要安静的区域。

1 类声环境功能区：指以居民住宅、医疗卫生、文化教育、科研设计、行政办公为主要功能，需要保持安静的区域。

2 类声环境功能区：指以商业金融、集市贸易为主要功能，或者居住、商业、工业混杂，需要维护住宅安静的区域。

3 类声环境功能区：指以工业生产、仓储物流为主要功能，需要防止工业噪声对周围环境产生严重影响的区域。

4 类声环境功能区：指交通干线两侧一定距离之内，需要防止交通噪声对周围环境产生严重影响的区域，包括 4a 类和 4b 类两种类型。4a 类为高速公路、一级公路、二级公路、城市快速路、城市主干路、城市次干路、城市轨道交通 （地面段）、内河航道两侧区域；4b 类为铁路干线两侧区域。

5.1 各类声环境功能区适用表 1 规定的环境噪声等效声级限值。

表 1　　　　　　　　环 境 噪 声 限 值　　　　　单位：dB（A）

声环境功能区类别	时　　　段	
	昼间	夜间
0 类	50	40
1 类	55	45

声环境功能区类别		时　　段	
		昼间	夜间
2 类		60	50
3 类		65	55
4 类	4a 类	70	55
	4b 类	70	60

（二）要点简析

1. 声环境是输变电工程环境评价的主要因子之一

根据《环境影响评价技术导则　输变电工程》（HJ24—2014）表 1，输变电工程主要环境影响评价因子为声环境、电磁环境和地表水。其中电磁环境仅评价运行期，而声环境需要评价施工期和运行期的昼间、夜间等效声级。

输变电工程噪声影响主要集中在项目实施后的运营期。其中变电站的噪声随着与变电站的距离加大而迅速衰减。输电线路运行期间的可听噪声是指导线周围的电晕和火花放电所产生的一种能直接听到的噪声。交流输电线路的可听噪声受环境气候的影响较大。一般而言，大雨天气条件下的噪声比晴好天气大。现场测量的数据表明，我国输电线路的噪声在晴好天气时，与背景噪声水平相当，而大雨天气时背景噪声很大，电晕可听噪声也并不明显，不会超出一般人必要的容忍范围。

2. 输变电工程声环境影响评价范围

输变电工程声环境影响评价范围包括变电和输电两部分。结合《声环境质量标准》（GB 3096—2008）《环境影响评价技术导则声环境》（HJ2.4—2009）《环境影响评价技术导则　输变电工程》（HJ24—2014）的规定，变电站、换流站、开关站、串补站的声环境影响评价范围依据评价工作等级确定。如果变电站、换流站、开关站、串补站涉及康复疗养区等特别需要安静的 0 类声环境功能区域，按一级评价，一般以建设项目边界向外 200 米为评价范围。架空输电线路工程的声环境影响按电压等级以边导线或极导线地面投影外两侧 30～50 米为评价范围。

3. 地下电缆可不进行声环境影响评价

根据《环境影响评价技术导则　输变电工程》（HJ24—2014），地下电缆可不进行声环境影响评价，但要进行电磁环境影响评价。电缆电磁环境影响评价范围为管廊两侧边缘各外延 5 米（水平距离）。

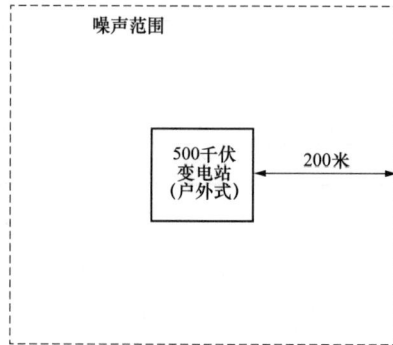

图 1　500 千伏变电站、换流站、开关站、串补站 0 类声环境功能区域的
环境影响评价范围图

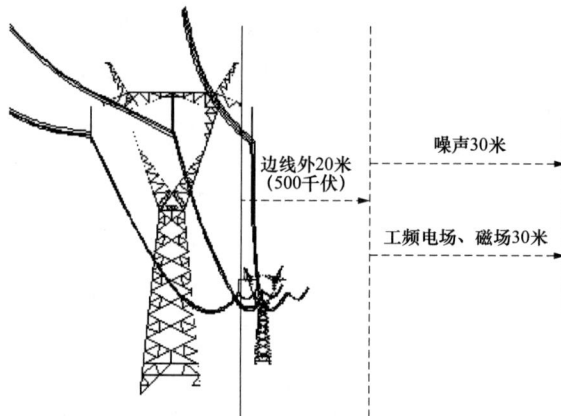

图 2　500 千伏架空输电线路工程的声环境影响评价范围图

三、防范要点

输变电工程声环境影响主要集中在变电站，城市输电线路也有可能因声污染而产生相关的投诉、信访或诉讼。供电企业要根据环境影响评价报告和政府部门批复的要求，切实加强输变电工程的噪声防治工作。变电站设计要优先选用低噪声设备，采取隔声降噪措施，确保边界噪声符合《工业企业厂界环境噪声排放标准》（GB 12348—2008）要求，同

时确保站址周围居民区符合《声环境质量标准》(GB 3096—2008)相应功能要求，防止噪声扰民。

四、其他参考案例

案例： 配网中的地下变压器噪声已经过环评验收，法院未支持原告要求搬离的请求

案号：(2016)川 0113 民初 1383 号

2013 年 9 月 29 日，原告朱某、高某与被告 1 江某置业公司签订了《商品房买卖合同》，合同约定由原告朱某、高某购买被告 1 置业公司开发的某小区 3 幢 1 单元 3 层 304 号房屋一套。本案争议的变压器位于 3 幢负 1 层配电室内，由被告 2 某物业公司负责配电室的人员进出及日常卫生。

法院经审理查明，2013 年 9 月 2 日，在小区建设项目竣工环境保护验收申请中，竣工环境保护分期验收小组出具意见载明该项目环保设施及措施已基本按环评要求建成和落实，验收结论为：置业有限公司小区建设项目（3 号、4 号、5 号楼及 2 号地下室）环评审批手续完备，环保设施建设基本符合该项目环评及批复要求。

再查明，2016 年 6 月 6 日，环境监测执法大队联系了原告朱某及被告 1 置业公司，对原告朱某投诉的噪声扰民情况作出了现场调解，置业有限公司同意对配电房进行整改，投诉人朱某同意定期进行整改。

一审法院认为，噪声污染责任纠纷是由于单位或个人的活动，排放噪声造成污染，使他人人身财产受到损害，或者其他公共环境、公共财产遭受损害，或者有造成损害的危险时，责任人依法应当承担侵权责任所引发的纠纷。根据《侵权责任法》的归责原则，主张噪声污染责任的原告应举证证明相关侵权人实施了噪声污染侵权行为以及造成了噪声污染损害结果。

本案中，变压器虽位于原告居住的小区 3 幢负 1 层的配电室内，但该建设项目在竣工验收过程中已通过环保局的环评验收，噪声排放等环保要求已基本落实，而原告朱某、高某又未能证明该变压器发出的声响已超过一般人所能容忍的限度，因此对于原告要求将位于该小区 3 幢 1 单元负一层地下室的箱式变电站搬离，停止对原告的噪声侵害以及二被告赔偿原告房租费、精神抚慰金等费用共计 50000 元的诉讼请求，本院

不予支持。判决驳回原告的诉讼请求。

原告朱某、高某不服上诉。二审裁定撤销一审判决，发回重审。重审时，原告朱某、高某经传票传唤，无正当理由未到庭参加诉讼，被裁定驳回诉讼请求。

第四节　生态等环评范围非禁止建设范围，
评价结果符合即可

一、参考案例

案例：生态等环境影响评价范围非禁止建设范围，评价结果符合即可建设

案号：（2018）1023 行初 40 号

第三人某供电公司拟建设 110 千伏输变电工程，该工程变电站路位于该市某街道。供电公司于 2017 年 10 月委托某环境咨询公司对 110 千伏输变电工程进行现场调查和环境影响评价并制作了建设项目环境影响报告表。被告县行政审批局于 2017 年 11 月 15 日受理第三人的申请，对案涉建设项目进行了现场核查，且依法在被告官方网站及建设项目现场进行了受理公示、拟审批公示、许可公示。被告县行政审批局于 2017 年 11 月 27 日作出关于 110 千伏输变电工程环境影响报告表的审查意见，决定对案涉 110 千伏输变电工程环境影响报告表予以许可。原告山庄业委会向法院起诉，提出被告将要建设的输变电工程选址与原告居住小区之间的距离不符合《环境影响评价技术导则　输变电工程》中生态环境影响评价范围 1000 米甚至最小值 300 米的规定。原告认为被告的行政审批文件影响到其山庄居住环境，进而侵害到居民的健康，请求撤销对案涉 110 千伏输变电工程环境影响报告表的批复许可。

关于案涉输变电工程与原告山庄小区距离是否符合《中华人民共和国国家环境保护标准》导则中生态环境影响评价范围的问题，法院认为，环境影响评价范围是指项目整体实施后可能对环境造成的影响范围，并不代表项目与周边敏感点所需的距离，也就是说在评价范围距离内并不是不允许建设，而是需要评价，只要评价结果符合相关要求即可。原告

认为案涉输变电工程项目距离山庄小区距离仅为 121 米，未达到《中华人民共和国环境保护标准》中环境影响评价范围的要求，这是原告对环境影响评价范围概念的理解错误。环境咨询公司编制的建设项目环境影响报告表中涉及的评价范围包括电磁环境、声环境、生态环境。按照本案的相关环评文件，建设项目的声环境、电磁环境、生态环境等都符合国家强制性标准，并且这种影响会随着距离建设项目的增加而递减，不存在超出一般人必要的容忍范围的情况。故原告山庄业委会认为案涉输变电工程与原告山庄小区距离不符合《中华人民共和国国家环境保护标准》导则中生态环境影响评价范围的观点，不能成立。判决驳回原告的诉讼请求。

二、法律分析

（一）关键依据

1.《环境影响评价技术导则　输变电工程》（HJ24—2014）❶

4.7.2　生态环境影响评价范围

变电站、换流站、开关站、串补站生态环境影响评价范围为站场围墙外 500 米内；不涉及生态敏感区的输电线路段生态环境影响评价范围为线路边导线地面投影外两侧各 300 米内的带状区域，涉及生态敏感区的输电线路段生态环境影响评价范围为线路边导线地面投影外两侧各 1000 米内的带状区域。

4.6.2　生态环境影响评价工作等级

生态环境影响评价工作等级划分参照 HJ 19 的规定确定。

输变电工程中架空线路工程对生态的影响为点位间隔式，架空线路工程（含间隔）不穿越自然保护区、风景名胜区、世界文化和自然遗产地、海洋特别保护区、饮用水水源保护区等环境敏感区时，其生态影响评价工作等级可在依据 HJ 19 判断的基础上，向下调整不超过一个级别。

2.《环境影响评价技术导则　输变电工程》（HJ24—2019）（征求意见稿）

4.7.2　生态环境影响评价范围

---

❶　本书成稿时《环境影响评价技术导则　输变电工程》（HJ24—2019）尚未查询到正式稿。读者可自行更新最新版本。

变电站、换流站、开关站、串补站生态环境影响评价范围为站场围墙外 300m 内；输电线路生态环境影响评价范围为线路边导线地面投影外两侧各 200 米内的带状区域。输电线路穿越生态敏感区时，评价范围应延伸至敏感区内完整的水文单元、生态单元、地理单元界限。

3. 《环境影响评价技术导则　生态影响》（HJ19－2011）

4.2.1 依据影响区域的生态敏感性和评价项目的工程占地（含水域）范围，包括永久占地和临时占地，将生态影响评价工作等级划分为一级、二级和三级，如表 1 所示。位于原厂界（或永久用地）范围内的工业类改扩建项目，可做生态影响分析。

表 1　　　　　　　　生态影响评价工作等级划分表

影响区域生态敏感性	工程占地（水域）范围		
	面积≥20 平方千米或长度≥100 千米	面积 2～20 平方千米或长度 50～100 千米	面积≤2 平方千米或长度≤50 千米
特殊生态敏感区	一级	一级	一级
重要生态敏感区	一级	二级	三级
一般区域	二级	三级	三级

6.1.1　生态现状调查要求

一级评价应给出采样地样方实测、遥感等方法测定的生物量、物种多样性等数据，给出主要生物物种名录、受保护的野生动植物物种等调查资料；

二级评价的生物量和物种多样性调查可依据已有资料推断，或实测一定数量的、具有代表性的样方予以验证；

三级评价可充分借鉴已有资料进行说明。

（二）要点简析

1. 关注生态环境影响评价范围的标准变更

根据《环境影响评价技术导则　输变电工程》（HJ24—2014）表 1，输变电工程主要环境影响评价因子为声环境、电磁环境和地表水，但具体评价项目则包括生态环境影响。

根据《环境影响评价技术导则 输变电工程》（HJ24—2014）的规定，输变电站工程生态环境影响评价范围为站场围墙外500米；不涉及生态敏感区的输变电线路段为线路边导线地面投影外两侧各300米的带状区域；涉及生态敏感区的输变电线路段为线路边导线地面投影外两侧各1000米的带状区域范围。而2019年版本的征示意见稿中，将变电站、换流站、开关站、串补站生态环境影响评价范围调整为站场围墙外300米内；输电线路生态环境影响评价范围调整为线路边导线地面投影外两侧各200米内的带状区域。涉及生态敏感区的输电线路段生态环境影响评价范围从"线路边导线地面投影外两侧各1000米内的带状区域"调整为"输电线路穿越生态敏感区时，评价范围应延伸至敏感区内完整的水文单元、生态单元、地理单元界限"。因本书成稿时《环境影响评价技术导则 输变电工程》（HJ24—2019）尚未查询到正式稿，请读者自行关注并查询最新版本。

2. 不穿越环境敏感区的架空线路生态环境影响评价等级可下调一级

依据《环境影响评价技术导则 生态影响》（HJ19—2011），生态环境影响评价依据影响区域的生态敏感性和评价项目的工程占地（含水域）范围，包括永久占地和临时占地，工作等级划分为一级、二级和三级。其中一级评价应给出采样地样方实测、遥感等方法测定的生物量、物种多样性等数据，给出主要生物物种名录、受保护的野生动植物物种等调查资料。

根据《环境影响评价技术导则 生态影响》（HJ19—2011）的表1，生态影响评价工作等级按照项目影响的面积、长度判定。输变电工程一般占地面积小，因此工作等级主要依长度划分。根据《环境影响评价技术导则 输变电工程》（HJ24—2014）的规定，架空线路工程对生态的影响是点位间隔式的，因此架空线路工程（含间隔）不穿越自然保护区、风景名胜区、世界文化和自然遗产地、海洋特别保护区、饮用水水源保护区等环境敏感区时，其生态影响评价工作等级可在依据《环境影响评价技术导则 生态影响》（HJ19—2011）判断的基础上，向下调整不超过一个级别。

3. 环境影响评价范围不是禁止建设范围

环境影响评价范围不是禁止建设范围，供电企业前期工作人员尤其应明白这一点。如本节案例，法院认为，环境影响评价范围是指项目整体实施后可能对环境造成的影响范围，并不代表项目与周边敏感点所需的距离，也就是说在评价范围距离内并不是不允许建设，而是需要评价，只要评价结果符合相关要求即可。

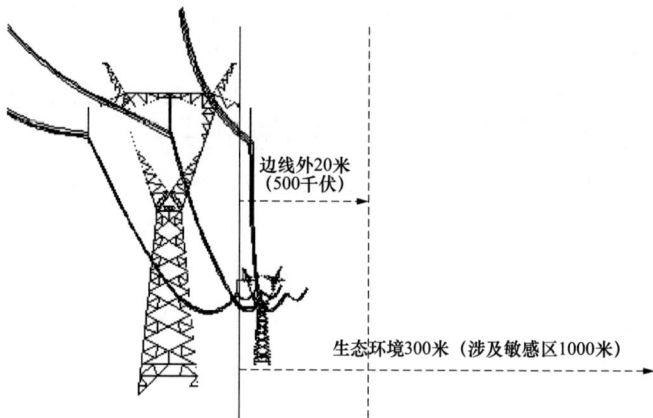

图 1　500 千伏架空输电线路的生态环境影响评价范围图（《HJ24—2014 标准》）

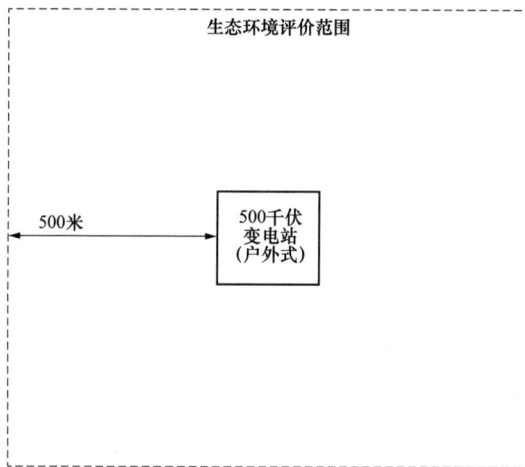

图 2　变电站、换流站、开关站、串补站的生态环境影响评价范围图
（《HJ24—2014 标准》）

4. 输变电工程生态环境影响评价主要为对植被和动物的影响

输变电工程对生态环境的影响主要集中在项目的施工期。主要体现为对植物植被的影响和对动物的影响。本节案例所涉的环境影响评价报

告表，根据《环境影响评价技术导则 输变电工程》的要求，在生态环境影响评价范围内对生态环境影响进行了分析：①变电站和输电线路在开挖期间会对当地生态环境造成阶段性破坏，但不会造成植物物种多样性的减少。工程影响植被类型以人工植被为主，受影响植被类型在工程区域附近分布广泛，工程占地只对局部区域植被产生一定的影响。变电站址区没有国家及地方重点保护野生植物和古树名木，工程建设对保护植物没有影响。②工程沿线区域野生动物以常见动物为主，线路沿途未见国家及地方重点保护野生动物及其集中栖息地，工程建设对保护动物没有影响。法院因此认定案涉建设项目经生态环境评价符合要求。

三、防控重点

在本节案例中，法院提出审判建议如下：虽本案被诉行政行为程序并不违法，但仍建议行政审批部门在涉及环境影响评价行政许可过程中，加强宣传、科普，让公众充分了解建设项目的环境影响及相应规定，避免因理解错误或模糊而造成的诉讼。

以上意见，供各地供电企业参考。

第五节 环境影响案件举证责任倒置，供电企业应负责检测

一、参考案例

案例1： 未制作环境影响报告书的项目，供电公司应尽检测义务

案号： （2018）内 06 民终 2157 号

某 500 千伏线路 2001 年开工建设，原告王某宅基和房屋及附属设施（水井、打谷场、厕所、饲养圈等）于 1987 年入住，大部分处于涉案高压线的电力设施保护区之内。原告于 2017 年 11 月 22 日向人民法院提起诉讼，请求被告立即停止侵害，消除危险。

法院依法委托司法鉴定，关于电磁影响的鉴定意见为：建设单位未能提供该项目的《环境影响评价报告书》，不能排除 500 千伏线路对原告住宅及所属区域的电磁影响、无线电干扰影响和噪声影响，被申请人应

按照法律规定提供相关的检测数据，尽到法律规定的义务。庭审中，被告供电公司未能提供涉案高压线的《环境影响评价报告书》，但提供了其于 2018 年 3 月自行委托某环境监测有限公司检测的报告，鉴定意见为磁感应强度没有超出国家标准。

一审法院认为，该 500 千伏线路不属于涉及环境敏感区的范围❶，因此依法不需要制作环境影响报告书。被告在与原告发生诉讼纠纷后于 2018 年 3 月委托鉴定，意见为该 500 千伏线路电磁环境影响现状检测工频电场、磁感应强度现场检测数据都没有超出国家标准。一审法院未支持原告的诉讼请求。

二审法院认为，涉案高压线路是有民生利益的用电线路，工程造价大，其存在有利于一定区域内的多人及企业用电。故无论改建或者拆除等停止侵害、消除危险的方法都不符合客观价值规律及实践做法，且该线路对上诉人的权益主要是限制性的损害，故对上诉人提出的停止侵害、消除隐患（危险）的诉讼请求不予支持。

案例 2：房地产公司擅自变更规划安装变压器产生噪声扰民，被判搬离

案号：（2016）粤 19 民终 6584 号

温某与房地产公司于 2007 年 11 月 30 日签订商品房买卖合同，约定温某向房地产公司购买某楼盘 10 幢 2A 号房。现温某以房地产公司擅自变更规划，在温某楼下停车库房安装高压变电设备配电设施产生噪声污染等为由提起诉讼。房地产公司确认案涉楼盘 1 楼安装有配电设施，但抗辩主张温某在购买房屋时已知悉该事实，且案涉房产已经验收合格，符合使用条件。

双方均向原审法院申请了对上述房屋的噪声及电辐射污染情况进行评估鉴定，原审法院根据双方的申请依法委托市环境检测中心站对上述事项进行检测。市环境检测中心站向原审法院复函称将安排人员对案涉楼盘一楼停车库安装的变压器所产生的噪声进行监测，但不对监测结果作评价。

---

❶ 非环境敏感区的 500 千伏项目是否需要制作环境影响报告书，2008 年与 2015 年、2017 年的规定有所不同。本案关于电力设施保护区的案情细节，详见本章第八节"电力设施保护区不是安全距离，与环保拆迁无必然联系"相关内容。

一审法院认为，首先，案涉房屋位于二楼，而配电设备位于一楼，两者仅一墙之隔，经现场勘察在温某室内感受到的来自楼下配电房变压器发出的震动感及嗡嗡声响明显，对温某等长期居住于内的人所产生的影响是确定的。房地产公司未能提交有效证据证明该些高低压变电设备所发出的噪声及电磁环境影响等不对温某造成侵害，房地产公司应当承担举证不能的不利后果。根据市城乡规划局的复函，案涉房产的首层为架空层停车，而房地产公司将此变更规划为配电用房，现房地产公司未能举证证明其变更规划的行为经过了相关主管部门的许可，亦未能提交证据证明其变更规划的行为已告知或经温某等业主同意，房地产公司对此存有过错。案涉变配电机房不仅设置在住宅主体建筑内，更是与温某房屋直接相邻，且无任何隔声减振装置，而从案涉小区现场来看，在案涉房产旁即有目测面积比现有变配电机房面积大的空地存在，可见房地产公司有条件选择其他场地放置变配电设施。

综上，房地产公司在案涉房产首层安装变配电设施不符合国家相关规定的要求，会对温某住处造成安全隐患，对温某的居住产生长期的不利影响，对此房地产公司负有过错，温某诉请房地产公司搬离该变配电设备，合理合法，原审法院依法予以支持。判决限房地产公司于判决发生法律效力之日起60天内将案涉变配电设施搬离。二审驳回上诉，维持原判。

二、法律分析

（一）关键法条和依据

1.《侵权责任法》

第六十六条 因污染环境发生纠纷，污染者应就法律规定的不承担责任或减轻责任的情形及其行为与损害之间不存在因果关系承担举证责任。

2.《环境影响评价法》

第二十一条 除国家规定需要保密的情形外，对环境可能造成重大影响、应当编制环境影响报告书的建设项目，建设单位应当在报批建设项目环境影响报告书前，举行论证会、听证会，或者采取其他形式，征求有关单位、专家和公众的意见。

建设单位报批的环境影响报告书应当附具对有关单位、专家和公众的意见采纳或者不采纳的说明。

3.《最高人民法院关于民事诉讼证据的若干规定》（2002 年 4 月 1 日起施行）

第四条 下列侵权诉讼，按照以下规定承担举证责任：

（二）高度危险作业致人损害的侵权诉讼，由加害人就受害人故意造成损害的事实承担举证责任；

（三）因环境污染引起的损害赔偿诉讼，由加害人就法律规定的免责事由及其行为与损害结果之间不存在因果关系承担举证责任。

4.《住宅设计规范》（GB 50096－2011）

6.10.3 水泵房、冷热源机房、变配电机房等公共机电用房不宜设置在住宅主体建筑内，不宜设置在与住户相邻的楼层内，在无法满足上述要求贴临设置时，应增加隔声减振处理。

5.《关于居民楼内生活服务设备产生噪声适用环境保护标准问题的复函》（环函〔2011〕88 号）

一、《中华人民共和国环境噪声污染防治法》（以下简称《噪声法》）未规定由环境保护行政主管部门监督管理居民楼内的电梯、水泵和变压器等设备产生的环境噪声。处理因这类噪声问题引发的投诉，国家法律、行政法规没有明确规定的，适用地方性法规、地方政府规章；地方没有明确作出规定的，环境保护行政主管部门可根据当事人的请求，依据《民法通则》的规定予以调解。调解不成的，环境保护行政主管部门应告知投诉人依法提起民事诉讼。

二、《工业企业厂界环境噪声排放标准》（GB 12348—2008）和《社会生活环境噪声排放标准》（GB 22337—2008）都是根据《噪声法》制定和实施的国家环境噪声排放标准。这两项标准都不适用于居民楼内为本楼居民日常生活提供服务而设置的设备（如电梯、水泵、变压器等设备）产生噪声的评价，《噪声法》也未规定这类噪声适用的环保标准。

（二）要点简析

1. 电磁或噪声污染举证责任倒置

根据《最高人民法院关于民事诉讼证据的若干规定》第四条第一款第（三）点，因环境污染引起的损害赔偿诉讼，由加害人就法律规定的免责事由及其行为与损害结果之间不存在因果关系承担举证责任，即俗称的"举证责任倒置"。也就是说，在电磁污染或声污染等环境保护纠纷的诉讼中，供电企业不仅要证明所架设的线路或变电设施符合规范、满足电磁环境和声环境评价等方面的要求，即存在"免责事由"，而且要证明输变电设施与原告的损害结果之间不存在因果关系。

如本节案例 1，原告称其因被告架线行为导致其生产、生活受到妨害，但是其向原审法院提交的证据不能证实其已受到妨害或其所受损害与架空高压电线塔杆和高压线路有因果关系。供电公司虽未能提供该项目的《环境影响评价报告书》，但是经过第三方检测机构提供相关的检测数据证实输变电工程完全符合规范要求，尽到了法律规定的举证义务。法院认为供电公司举证充分，驳回了原告的诉讼请求。

在本节案例 2 中，法院认为，房地产公司对其在温某所居住房子正下方（即首层）设置配电房、放置高低压电力设备是否造成温某室内噪声值与电磁环境影响值超标负有举证责任。因市环境检测中心站拒绝对监测结果作评价，法院组织现场勘察认为，在温某室内感受到的来自楼下配电房变压器发出的震动感及嗡嗡声响明显，对温某等所长期居住于内的人所产生的影响是确定的。房地产公司现未能提交有效证据证明该高低压电力设备所发出的噪声及电磁环境影响等不对温某造成侵害，因此房地产公司应当承担举证不能的不利后果。

2. 居民楼内生活服务设备产生噪声的法律适用与输变电工程不同

居民楼内生活服务设备如水泵房、冷热源机房，变配电机房等公共机电用房都会产生较大的噪声。根据《住宅设计规范》，这类设施不宜设置于住户相邻楼层内，也不宜设置在住宅主体建筑内。当受到条件限制必须设置在主体建筑内时，可设置在地下或架空楼层或不与住宅套内房间直接相邻的空间内，并须做好减振、隔声措施。同时，《关于居民楼内生活服务设备产生噪声适用环境保护标准问题的复函》还规定，《工业企业厂界环境噪声排放标准》（GB 12348—2008）和《社会生活环境噪声排放标准》（GB 22337—2008）都是根据《噪声法》制定和实施的国家环境噪声排放标准。这两项标准都不适用于居民楼内为本楼居民日常生活提供服务而设置的设备（如电梯、水泵、变压器等设备）产生噪声的评价，《噪声法》也未规定这类噪声适用的环保标准。

供电企业配网项目虽然无须环评，但是相关设施投运后，变压器等配电设施运行时产生的噪声是 95598 投诉、信访的重点之一。在处理为居民楼内生活服务的配电设施产生的噪声纠纷时，应充分理解以上标准和法律适用。

三、防范要点

1. 供电企业应严格执行环境保护法律法规和行业标准要求，确保工程前期手续合法合规，避免程序瑕疵

建设项目合法性方面的瑕疵，会给侵权之诉造成可乘之机。特别是环境影响评价，过程较为复杂，国家对环境影响评价实行分类管理，对输变电工程项目的环境保护要求越来越严格。不同类型的项目，向环保部门报批环评文件的时段要求、对公众参与的形式规定也不同。建设单位应当严格按照规定进行环境影响评价，避免程序瑕疵。

2. 供电企业在设计、建设和运行中应充分考虑环境影响

输变电工程初步设计和施工时，应严格执行设计标准、规程，优化设计方案。工程选址选线应符合所在（经）城镇区域的总体规划，尽量避开居住区、学校、医院等环境敏感点。跨越民房等敏感建筑物及人群活动区时，应采取高跨设计，以进一步减少输电线路对周围环保目标的影响。线路经过居民区时，导线最大弧垂对地高度应不小于 7.5 米；经过非居民区时，导线最大弧垂对地高度应不小于 6.5 米。线路附近离地1.5 米高度处工频电场强度超过 4 千伏/米或磁感应强度超过 0.1 毫特斯拉的范围内，不得有居住区、学校、医院等环境敏感点。工程沿线每隔一定距离应建立电力设施保护标志牌，并设置一定数量的高压警示牌、高压知识宣传牌。

第六节　电网规划路径等如有重大变动，
应重新报批环评文件

一、参考案例

案例 1：1000 千伏交流输变电工程规划调整重新报批[1]

---

[1]　本案关于环评范围的案情评析，详见本章第七节"输变电工程沿线准备拆迁的房屋，不必列入环评范围"。

案号：（2017）京 01 行初 877 号、（2018）京行终 1204 号、（2019）最高法行申 3763 号

2012 年 10 月，生态环境部批复了某 1000 千伏交流输变电工程项目环境影响报告书。2016 年初，受规划调整影响，涉案工程设计方案发生变动。2016 年 4 月，生态环境部批复了该项目某段线路架设方式变动环境影响报告书。2016 年 11 月 23 日，电网公司根据"84 号文"的要求，对涉案工程变动情况进行梳理，向生态环境部报批涉案工程变动环境影响报告书。2017 年 2 月 23 日，被告环保部作出变动环境影响报告书的批复（简称被诉批复）并公示。张某等四人不服生态环境部作出的被诉批复，向生态环境部提出行政复议申请，请求撤销被诉批复。2017 年 4 月 25 日，生态环境部收到张某等四人提交的行政复议申请书。2017 年 4 月 26 日，生态环境部向第三人电网公司作出第三人参加行政复议通知书。2017 年 6 月 9 日，生态环境部作出被诉复议决定并送达张某等四人。

另查明，张某等四人在涉案工程线路附近有四间房屋，其中靠近线路最近的三间房屋已列入工程拆迁范围。另外一间未列入工程拆迁范围的房屋距线路边导线投影最近距离约 10 米，涉案工程线路运行时周围的电磁环境、声环境均符合相关环境保护标准要求。

一审法院认为，输变电建设项目何种变动情形构成环境影响评价法第二十四条第一款规定的"重大变动"，在"84 号文"之前，并无相应的明确规定。涉案工程属于环境保护部作出"84 号文"之前已经在建且尚未通过竣工环保验收的输变电建设项目，不属于未批先建的情形。电网公司在变动环境影响报告书编制过程中，委托环境影响评价单位采取在现场张贴信息公示、现场问卷调查等方式进行公众意见调查工作，其中亦向四人中的瞿某征询了意见，填写了书面意见调查表，并就其反映的情况和诉求进行了沟通、解释和回访。生态环境部在审批过程中，依法进行受理公示、拟批准公示，并进行批准公告，程序符合法律规定。生态环境部受理行政复议申请后，履行了行政复议的相应程序，在法定期限内作出被诉复议决定并送达当事人，程序合法。一审法院判决驳回张某等四人的诉讼请求。

二审法院认为，经一审法院审查并采信的变动环境影响报告书中，

对工程变动超过 30%敏感点的具体位置均有明确标示，张某等四人认为没有查清相关敏感点、其所在地段并无线路变动的主张不成立。二审法院判决驳回上诉，维持一审判决。

最高人民法院再审认为，涉案批复是针对该项目中重大变动内容进行环境影响评价重新报批的批复，不属于新建建设项目的环境影响评价。电网公司在变动环境影响报告书编制过程中，委托环境影响评价单位在涉案工程沿线村庄及现场张贴信息公示，对涉案工程沿线采用现场问卷调查的方式进行了公众意见调查工作，公众参与方式和征求公众意见的调查符合《环境影响评价技术导则 输变电工程》（HJ24—2014）标准要求。架空电力线路建设单位与房屋产权所有者协商搬迁事宜属于另一法律关系，并非原环保部进行环境影响评价时应予考量的因素。最高人民法院裁定驳回再审申请。

案例 2：220 千伏项目规划调整报批手续合法，不属于法院民事诉讼受案范围

案号：（2017）苏 03 民终 2236 号

2014 年 1 月 8 日，某市规划局向某州供电公司下发电厂配套 220 千伏供电工程《建设项目规划意见》。2014 年 3 月 5 日，当地区人民政府作出该工程社会稳定风险评估的意见认为，上述项目属于社会稳定低风险项目，且已提出了风险防范和化解措施以及应急处置预案。2014 年 4 月 14 日，省环境保护厅作出环境影响报告表的批复。2015 年 3 月 3 日，省发展和改革委员会作出项目核准的批复。2015 年 6 月 27 日，州供电公司开始施工。2015 年 8 月 7 日，市规划局作出该工程线路规划调整的规划意见。该"意见"所附征求意见示意图显示，调整后的线路穿过该区刘马路居民委员会居民区。2016 年 1 月 19 日，州供电公司作为建设单位完成对工程的验收。2016 年 5 月 26 日，省环境保护厅作出（重新报批）环境影响报告表的批复。2016 年 8 月 22 日，刘某等十六人诉至法院。刘某等十六人认为，高压线路一般不得跨越房屋，存在特殊情况亦应征得原房主同意方能跨越，行政机关规划的线路违反电力设施保护条例等相关法律规定。

一审法院认为，案涉工程系经省、市、区各级行政机关审批而建设，刘某等十六人要求移除该高压输电线路的请求，并非人民法院受理民事

诉讼的范围，依法应予驳回起诉。裁定驳回起诉。

二审法院认为，涉案高压线路经省、市、区行政职能部门立项、规划、建设、环评、社会稳定风险评估等行政审批和评估，刘某等十六人也没有充分证据证明涉案高压线路存在危险，同时其要求移除该高压输电线路的请求也不属人民法院受理民事诉讼的范围，一审法院裁定驳回刘某等十六人的起诉并无不当。裁定驳回上诉，维持原裁定。

二、法律分析

（一）关键法条和文件依据

1.《环境影响评价法》

第二十四条　建设项目的环境影响评价文件经批准后，建设项目的性质、规模、地点、采用的生产工艺或者防治污染、防止生态破坏的措施发生重大变动的，建设单位应当重新报批建设项目的环境影响评价文件。

建设项目的环境影响评价文件自批准之日起超过五年，方决定该项目开工建设的，其环境影响评价文件应当报原审批部门重新审核；原审批部门应当自收到建设项目环境影响评价文件之日起十日内，将审核意见书面通知建设单位。

2.《环境影响评价技术导则　输变电工程》（HJ24—2014）

11.4　调查公众意见

11.4.1　方法

调查公众意见的方法主要有问卷调查、访谈或者座谈会、论证会、听证会等。调查公众意见宜使用统一的调查问卷，以便于对调查对象的意见作统计分析。调查问卷应简洁明了，以选项为主，辅以必要的意见与建议的征询内容。

11.4.2　样本数

调查样本总数一般不小于80份，单个变电站、换流站、开关站、串补站一般不少于30份；对于评价范围内电磁环境敏感目标数量少时，调查样本总数可适当减少。同时，调查样本中评价范围内的样本数不少于总数的60%。

3.《关于印发〈输变电建设项目重大变动清单（试行）〉的通知》（环办辐射〔2016〕84号）

项目建设过程中如发生重大变动，应当在实施前对变动内容进行环境影响评价并重新报批。

建设单位应对照清单对在建且尚未通过竣工环保验收的输变电建设项目及时梳理，并按现行分级审批规定，于2016年12月31日前将变动情况报有审批权的环境保护主管部门。

环评阶段，环境影响评价范围内明确属于工程拆迁的建筑物不列为环境敏感目标，不进行环境影响评价。竣工环保验收阶段，验收调查范围内有公众居住、工作或学习的建筑物都应列为环境敏感目标，确保满足有关环境标准要求。

附件：输变电建设项目重大变动清单（试行）

（1）电压等级升高。

（2）主变压器、换流变压器、高压电抗器等主要设备总数量增加超过原数量的30%。

（3）输电线路路径长度增加超过原路径长度的30%。

（4）变电站、换流站、开关站、串补站站址位移超过500米。

（5）输电线路横向位移超出500米的累计长度超过原路径长度的30%。

（6）因输变电工程路径、站址等发生变化，导致进入新的自然保护区、风景名胜区、饮用水水源保护区等生态敏感区。

（7）因输变电工程路径、站址等发生变化，导致新增的电磁和声环境敏感目标超过原数量的30%。

（8）变电站由户内布置变为户外布置。

（9）输电线路由地下电缆改为架空线路。

（10）输电线路同塔多回架设改为多条线路架设累计长度超过原路径长度的30%。

（二）要点简析

输变电工程项目重大变动应按规定重新报批。

《环境影响评价法》第二十四条第一款规定，建设项目的环境影响评价文件经批准后，建设项目的性质、规模、地点、生产工艺或者防治污染、防止生态破坏的措施发生重大变动的，建设单位应当重新报批建设项目的环境影响评价文件。但关于输变电建设项目何种变动情形构成上述规定的"重大变动"，并无相应的明确规定。生态环境部作为国务院环境保护行政主管部门，具有职权对构成"重大变动"的情形予以具体界定。2016 年 8 月 8 日，生态环境部作出"84 号文"，明确了输变电项目构成"重大变动"，应当重新报批环境影响评价文件的情形，详见上一点摘录的文件内容。

三、防范重点

1. 谨慎变动与报审，准确界定拆迁范围

输变电工程无论是大范围的规划调整还是小范围的设计变更、路径更改或变压器移位等，都极易引起投诉和纠纷。公众一方面需要电力设施输送源源不断的电力，满足日益增长的物质文化生活需要，另一方面，又对电力设施产生的电磁环境影响、安全隐患等心存恐惧，希望敬而远之。因此，供电企业在项目规划、选址、设计、布点等输变电工程的全环节都应谨慎变动与报审，准确界定拆迁范围，避免群众意见反复，引起投诉或诉讼。

2. 输变电工程项目环境影响评价时应注重公众参与

根据《环境影响评价法》第二十一条和《建设项目环境影响评价分类管理名录》（2017 版），500 千伏及以上输变电工程项目作为对环境可能造成重大影响的项目，应当编制环境影响报告书，建设单位应当在报批建设项目环境影响报告书前，举行论证会、听证会，或者采取其他形式，征求有关单位、专家和公众的意见。建设单位报批的环境影响报告书应当附有对有关单位、专家和公众的意见采纳或者不采纳的说明。另，根据《环境影响评价技术导则 输变电工程》（HJ24—2014）的要求，公众参与可根据输变电工程的实际需要和具体条件，选择采取公告、调查公众意见、咨询专家意见、座谈会、论证会、听证会等形式，公开征求公众意见。调查公众意见的调查样本总数一般不小于 80 份，单个变电站、换流站、开关站、串补站一般不少于 30 份；对于评价范围内电磁环境敏感目标数量少时，调查样本总数可适当减少。同时，调查样本中评价范围内的样本数不少于总数的 60%。

第七节　输变电工程沿线准备拆迁的房屋，不必列入环评范围

一、参考案例

案例：1000 千伏交流输变电工程已准备拆迁的房屋不列入环评

案号：（2017）京 01 行初 877 号、（2018）京行终 1204 号、（2019）最高法行申 3763 号

2012 年 10 月，生态环境部批复了某 1000 千伏交流输变电工程项目环境影响报告书。2016 年初，受规划调整影响，涉案工程设计方案发生变动。2016 年 4 月，生态环境部批复了该项目某段线路架设方式变动环境影响报告书。2016 年 11 月 23 日，电网公司根据"84 号文"的要求，对涉案工程变动情况进行梳理，向生态环境部报批涉案工程变动环境影响报告书。2017 年 2 月 23 日，被告环保部作出该工程变动环境影响报告书的批复（简称被诉批复）并公示。张某等四人不服生态环境部作出的被诉批复，向生态环境部提出行政复议申请，请求撤销被诉批复。2017 年 4 月 25 日，生态环境部收到张某等四人提交的行政复议申请书。2017 年 4 月 26 日，生态环境部向第三人电网公司作出第三人参加行政复议通知书。2017 年 6 月 9 日，生态环境部作出被诉复议决定并送达张某等四人。

另查明，张某等四人在涉案工程线路附近有四间房屋，其中靠近线路最近的三间房屋已列入工程拆迁范围。另外一间未列入工程拆迁范围的房屋距线路边导线投影最近距离约 10 米，涉案工程线路运行时周围的电磁环境、声环境均符合相关环境保护标准要求。

关于已列入征收或拆迁的房屋是否列入环境影响评价，一审法院认为张某等四人的三间房屋已列入工程拆迁计划，该三间房屋涉及的问题属于电力设施建设项目涉及的房屋工程拆迁问题，而非环境保护问题，故对张某等四人已列入工程拆迁范围的三间房屋，在环评阶段，依法无须进行环境影响评价，亦不属于生态环境部作出被诉批复应当审查的范

围。二审法院认为，对已列入征收或拆迁的房屋，在项目完成后将不复存在，不列入环境影响评价符合法律规定。经一审法院审查并采信的变动环境影响报告书中，对工程变动超过 30% 敏感点的具体位置均有明确标示，张某等四人认为没有查清相关敏感点、其所在地段并无线路变动的主张不成立。判决驳回上诉，维持一审判决。

最高人民法院再审认为，架空电力线路建设单位与房屋产权所有者协商搬迁事宜属于另一法律关系，并非原环保部进行环境影响评价时应予考量的因素。裁定驳回再审申请。

二、法律分析

（一）关键法条和文件依据

1.《环境影响评价法》

第二条 本法所称环境影响评价，是指对规划和建设项目实施后可能造成的环境影响进行分析、预测和评估，提出预防或者减轻不良环境影响的对策和措施，进行跟踪监测的方法与制度。

2.《关于印发〈输变电建设项目重大变动清单（试行）〉的通知》（环办辐射〔2016〕84 号）

项目建设过程中如发生重大变动，应当在实施前对变动内容进行环境影响评价并重新报批。

建设单位应对照清单对在建且尚未通过竣工环保验收的输变电建设项目及时梳理，并按现行分级审批规定，于 2016 年 12 月 31 日前将变动情况报有审批权的环境保护主管部门。

环评阶段，环境影响评价范围内明确属于工程拆迁的建筑物不列为环境敏感目标，不进行环境影响评价。竣工环保验收阶段，验收调查范围内有公众居住、工作或学习的建筑物都应列为环境敏感目标，确保满足有关环境标准要求。

（二）要点简析

已列入拆迁范围的建筑物不列为环境敏感目标，不进行环境影响评价。

本节案例中，原告提起"84 号文"的合法性审查诉求。最高人民法院认为，根据环境影响评价法第二条的规定，建设项目环境影响评价是对建设项目实施后可能造成的环境影响进行分析、预测和评估，建设项目实施后基于合理预期将不复存在的目标，则不属于环境影响评价的对象。架空电力线路通道内的原有房屋由架空电力线路建设单位与房屋产权所有者协商搬迁后，该建筑物将灭失，建设项目实施后不可能对已经搬迁灭失的建筑物造成环境影响。"84 号文"第四条中规定环评阶段，环境影响评价范围内明确属于工程拆迁的建筑物不列为环境敏感目标，不进行环境影响评价，该规定不违反环境影响评价法，不与上位法相冲突，因此"84 号文"第四条的规定并无不当。

三、防范重点

输变电工程项目是电网建设的基础设施。公众信息的不对称，对专业知识的缺乏，极易引发所涉公众对项目建设可能带来的自身环境安全的担忧，进而对建设项目的建设产生误解甚至抵触。建设单位一方面要确保线路两侧和变电站周边居民的工频电场、磁场强度符合电磁环境影响评价技术规范的要求，保证变电站设计中优先选用低噪声设备，采取隔声降噪措施，确保边界噪声符合排放标准，确保站址周围居民区符合声环境质量标准及相应功能要求，防止噪声扰民；另一方面在编制环境影响报告书、环评审批部门在进行环境影响评价审批时应注重公众参与，及时、全面地公开环境信息，普及专业知识，让公众充分了解建设项目所可能产生的环境影响及其程度，采取有效的沟通方式，增进公众对建设项目实施的理解。

第八节　电力设施保护区不是安全距离，与环保拆迁无必然联系

一、参考案例

案例 1：架空电力线路保护区与环保拆迁没有必然的关系（载《人民司法》2015 年第 2 期）

案号：（2011）自流民一初字第 212 号、（2012）自民一终字第 83 号、（2013）川民提字第 459 号

原告雷某房屋于 1998 年 6 月完工，1999 年 6 月 5 日取得房屋所有权证。案涉 500 千伏超高压送电线路于 1998 年 11 月 18 日由政府同意征用塔基，1999 年送电。原告认为其住房位置属国务院《电力设施保护条例》规定的架空电力线路安全保护区 20 米以内，要求拆迁未果，诉至法院要求电力公司等被告停止相邻权侵害，消除对其人身和住房的危险，赔偿住房拆迁补偿金 222264.80 元以及误工费 25000 元。

一审认为，案涉高压线路系经国家行政审批后兴建，雷某的诉求缺乏妨害相邻关系的事实基础，该主张不能成立，不予支持。二审引用环办函〔2007〕881 号文，认为架空电力线路保护区与环保拆迁没有必然的关系，案涉高压线路与雷某房屋之间的最小垂直距离、净空距离、水平距离均大于《110～500 千伏架空送电线路设计技术规程》（DL/T 5092—1999）、《110 千伏～750 千伏架空输电线路设计规范》（GB 50545—2010）规定的安全距离，雷某提供的证据不足以证明案涉高压线路的架设违反了有关国家标准或行业标准、对雷某及其家人的房屋和人身构成了相邻权侵害，故维持原判。再审维持原判。

案例 2：架空电力线路保护区与安全距离是两个不同的概念

案号：（2018）皖 0881 民初 266 号、（2018）皖 08 民终 1454 号

原告阮某夫妇于 1994 年申请获得一宗宅基地后，自建三底三上楼房一幢。被告电力公司于 2011 年度开始建设"500 千伏安输变电工程"，并于 2012 年投入运行至今。2017 年原告从外地打工回家发现该线路，认为该线路不仅严重侵害了其合法居住环境，而且还给其家庭生活造成严重的安全隐患。2017 年 9 月 12 日，被告委托相关机构对涉案线路与原告房屋的环境进行检测，原告房屋的电场强度符合国家标准；该 500 千伏高压线路距离原告房屋的垂直距离为 28 米、水平距离为 15.3 米、净空距离为 31.9 米，超过《110 千伏～750 千伏架空输电线路设计规范》最小净空距离为 8.5 米的规定，被告认为以上均符合国家标准，并未对原告造成妨害。2018 年 1 月 10 日阮某提起诉讼，请求被告排除妨碍，迁移高压线路，还原告一个安全的家庭环境。

一审法院认为，被告已委托相关机构测试原告房屋的工频电场、磁场强度、安全距离均符合国家要求，原告向法庭提交的照片证据，仅能证明涉案高压线路与原告房屋存在相邻关系的事实，并不能证明涉案线

路对原告造成妨害，影响原告的居住和生活。两原告主张适用《电力设施保护条例》和《电力设施保护条例实施细则》的条文是对架空电力线路保护区的规定，是国家为了保护电力设施和电力线路进行的规定，与本案争议的架空输电线路与房屋的安全距离属于两个不同的概念。因此，两原告认为该法规和规章是对500千伏架空输电线路与房屋的安全距离进行的规定，系其错误理解，故驳回原告请求。二审维持原判。

案例3： 与房屋水平距离不够，不小于最小净空距离也属合法

案号：（2016）川0824民初1908号、（2017）川08民终491号

原告何某的房屋位于110千伏输电线路某档线右侧。该档线路建设前，涉及线路欲跨越原告的房屋问题，政府相关部门及被告与原告就原告房屋拆迁事宜进行了商谈，未达成一致意见。2015年9月21日，被告市供电公司委托市电力设计院对该档导线与原告何某的房屋距离进行了测量。原告对某电力设计院测量的垂直距离、水平距离、净空距离的数值没有异议，但认为该线路距离其房屋的水平距离仅0.4米，小于国家规范的2.0米，不符国家规范距离，对原告的房屋和生活存在高压危险妨碍，应当予以拆除。故原告起诉至法院，引发诉讼。

一审法院认为，案涉供电工程经政府相关管理部门批准，系合法建设。其水平距离虽与国家标准距离不符，但参考中华人民共和国国家标准《110千伏～750千伏架空输电线路设计规范》（GB 50545—2010）条文说明"水平距离小于本规范表13.0.4-3所列数值时，应考虑最大风偏情况下边导线与建筑间的最小净空距离不小于本规范表13.0.4—2"。涉案线路净空距离主房为32.34米，距离偏房为42米。同时该线路建设经有资质的专业机构进行环境影响评价，其110千伏线路电场对沿线居民身体健康不造成影响。可见，被告架设在原告房屋上方的高压线路符合相应技术标准，超出最小安全距离，已采取了适当的安全措施，其电磁环境影响符合相应技术规范。原告主张水平距离不符国家规范，对其房屋和人身安全具有高度危险，造成损害的主张缺乏事实依据，对其诉讼请求不予支持。二审驳回上诉，维持原判。

案例4： 在先建设的合法建筑处于电力设施保护区，鉴定费用供电公司承担

案号：（2018）内06民终2157号

　　某 500 千伏超高压线路工程 2001 年开工建设,原告王某宅基和房屋及附属设施(水井、打谷场、厕所、饲养圈等)于 1987 年入住,大部分处于涉案高压线的电力设施保护区之内。原告于 2017 年 11 月 22 日向人民法院提起诉讼,请求被告立即停止侵害,消除危险。法院依法委托司法鉴定,关于安全距离的鉴定意见为:①500 千伏超高压线和申请人房屋及其他附属设施之间的直线距离符合安全距离;②电力设施保护区的划定使申请人的行为受到较多的限制。

　　一审法院认为,架设在原告所住的房屋的 500 千伏超高压线路的安全距离是符合国家标准的,没有危及原告的生命安全。被告架设 500 千伏超高压线路经国家发展计划委员会批准同意,并按照批准同意的路径走向图施工,符合法律规定。因原告的房产、宅基地及附属设施大部分都在电力设施保护区故而受到限制,亦是法律为保障电力安全运行和维护社会公共安全而依法规定的。任何单位和个人都有严格遵守的法定义务。原告不能应此项主张被告消除危险。

　　二审法院认为,因上诉人的房屋等建筑在先且为合法建筑,而被上诉人的线路架设在后,处于被上诉人高压线路保护区域内,上诉人王某的用益物权受到限制,必然造成其生产、生活的诸多不便,如不得堆放谷物、草料等影响安全供电的物品、不得兴建建筑物、构筑物等,以及依据鉴定报告所称"王某住宅所处位置的特殊性,目前使用大型车辆拉水受到限制",对王某可能产生的生活用水问题的限制,王某房产、宅基地已被划入电力线路保护区范围,存在贬值影响等。本院认为以上限制和影响即为对上诉人权益的一定损害和妨碍。故对上诉人王某要求鉴定费用由被上诉人承担的上诉理由予以采纳。

　　本案因案涉高压线路是有民生利益的用电线路,工程造价大,其存在有利于一定区域内的多人及企业用电。故无论改建或者拆除等停止侵害、消除危险的方法都不符合客观价值规律及实践做法,且该线路对上诉人的权益主要是限制性的损害,故对上诉人提出的停止侵害、消除隐患(危险)的诉讼请求不予支持。

　　因被上诉人对上诉人造成一定的损害和妨碍,应当对上诉人进行损害赔偿,或者采取其他必要的防护措施,上诉人在一审中未提出损害赔偿等适宜的诉讼主张,二审期间上诉人提出的赔偿损失的主张,因双方在二审中未达成调解，应当另案主张。综上所述，王某的上诉理由部分成立，本院对鉴定费用的承担予以明确，但其诉讼请求不具有可执行性，应予驳回。判决驳回上诉，维持原判。

二、法律分析

（一）关键法条

1.《电力设施保护条例实施细则》（2011年6月30日修订）

第十五条 架空电力线路一般不得跨越房屋。对架空电力线路通道内的原有房屋，架空电力线路建设单位应当与房屋产权所有者协商搬迁，迁拆费不得超出国家规定标准；特殊情况需要跨越房屋时，设计建设单位应当采取增加杆塔高度、缩短档距等安全措施，以保证被跨越房屋的安全。被跨越房屋不得再行增加高度。超越房屋的物体高度或房屋周边延伸出的物体长度必须符合安全距离的要求。

2.《110千伏－750千伏架空输电线路设计规范》（GB 50545－2010）

13.0.4条 输电线路不应跨越屋顶为可燃材料的建筑物。对耐火屋顶的建筑物，如需跨越时应与有关方面协商同意，500千伏及以上输电线路不应跨越长期住人的建筑物。

1．在最大计算弧垂情况下，导线与建筑物之间的最小垂直距离，应符合表13.0.4-1规定的数值。

表 13.0.4-1　　　导线与建筑物之间的最小垂直距离

标称电压（千伏）	110	220	330	500	750
垂直距离（米）	5.0	6.0	7.0	9.0	11.5

2．在最大计算风偏情况下，边导线与建筑物之间的最小净空距离，应符合表13.0.4-2规定的数值。

表 13.0.4-2　　　边导线与建筑物之间的最小净空距离

标称电压（千伏）	110	220	330	500	750
距离（米）	4.0	5.0	6.0	8.5	11.0

3．在无风情况下，边导线与建筑物之间的水平距离，应符合表13.0.4-3规定的数值。

表 13.0.4-3　　　　边导线与建筑物之间的水平距离

标称电压（千伏）	110	220	330	500	750
距离（米）	2.0	2.5	3.0	5.0	6.0

4．在最大计算风偏情况下，边导线与建筑物之间的最小净空距离，应符合表 13.0.4-2 规定的数值。

水平距离小于本规范表 13.0.4-3 所列数值时，应考虑最大风偏情况下边导线与建筑间的最小净空距离不小于本规范表 13.0.4-2。

（二）要点简析

1．架空线路在特殊情况下可以跨越房屋

架空电力线路是否可以跨越房屋，法律上并无禁止性规定。《电力设施保护条例实施细则》第十五条明确"架空电力线路一般不得跨越房屋"，同时也指出，"特殊情况需要跨越房屋时，设计建设单位应当采取增加杆塔高度、缩短档距等安全措施，以保证被跨越房屋的安全"。从该细则可知，在保证安全的情况下，允许架空电力线路跨越房屋。各省针对此问题，也有类似的操作细则。如《江苏省电网建设征地拆迁补偿实施意见》明确规定，110 千伏架空导线与建筑物在最大计算弧垂下，最小垂直安全距离满足 5 米的情况下，被跨建筑物不予拆除和补偿。《浙江省电网设施建设保护和供用电秩序维护条例》规定，新建 500 千伏以上架空电力线路不得跨越居民住宅和危及线路安全的建筑物、构筑物；确需跨越的，设区的市、县（市、区）人民政府应当依法予以征收并给予补偿，对 500 千伏以下则不作此要求。

2．电力设施保护距离不是架空输电线路安全距离

架空线路的安全距离是带电线路与附近物体、地面、不同相带电导体、以及人员之间必须保持的最小距离或最小空气间隙。电力设施保护区距离是为了保障已建设架空线路的安全运行和电力正常传输、保障社会公众人身安全而划定的输电线路两侧的一定区域，通常为导线两侧一定水平距离区域内、禁止某些特定危险行为和作业。二者的概念、依据、内涵、保护目的和对象均有所不同。为了防止线路建成以后在线路周围实施建房、栽树、施工等活动性行为而危及电力设施及公众人身安全，故设置了相对较大水平距离的保护区域。现实中人们往往将二者混淆，

将电力设施保护区距离视同为架空电力线路的安全距离，由此引发的房线纠纷、树线纠纷较为多见。

如本节案例1、2，原告都主张适用《电力设施保护条例》和《电力设施保护条例实施细则》关于"导线边线向外侧水平延伸并垂直于地面所形成的两平行面内的区域：500千伏为20米"的标准，要求被告拆迁。关于电力设施保护区距离与架空输电线路安全距离之间的关系，环办函〔2007〕881号文《国家环境保护总局办公厅关于高压输电建设项目环评适用标准等有关问题的复函》曾有表述，认为《电力设施保护条例》定义了架空电力线路保护区，设置保护区的目的是为了保证已建设架空线路的安全运行和保障人民生活正常供电。这一区域由国家强制划定，任何单位或个人在架空电力线路保护区内，必须遵守"不得兴建建筑物、构筑物"等规定，实际上是为保护线路这一公用设施及公众人身的安全，对该区域内的行为做出了限制，与环保拆迁没有必然的关系。

本节案例1于2013年经再审裁判，列入了《人民司法》2015年第2期的指引案例，而案例2则于2018年裁判，即环办函〔2007〕881号文废止之后。可见，环办函〔2007〕881号文虽已于2016年7月废止，但相应的法理得到了法院的充分认可。法院认为，建设架空输电线路不适用《电力设施保护条例》和《电力设施保护条例实施细则》的规定，而适用《110千伏—750千伏架空输电线路设计规范》等国家标准、行业标准。两原告主张适用《电力设施保护条例》和《电力设施保护条例实施细则》的条文是对架空电力线路保护区的规定，是国家为了保护电力设施和电力线路进行的规定，与本案争议的架空输电线路与房屋的安全距离属于两个不同的概念。因此，原告认为电力设施保护区距离是对500千伏架空输电线路与房屋的安全距离进行的规定，系其错误理解。

三、防范重点

1. 相关人员应加强学习吃透法律和政策，引导合理反映诉求

近年来，属地群众阻碍电网建设的冲突时有发生，由此产生的信访案件也不在少数。为避免冲突升级，在做好现场处置的前提下，供电企业相关人员应及时、全面地吃透弄懂相关政策精神，提前做好沟通解释工作，坦诚交换意见，争取最大程度的理解和支持。

2. 依托政府加强树线、线房矛盾综合治理，确保电网安全

近年来，随着人民生活水平的日益提高，用电量增长迅速，电网规模随用电量的增加逐年扩大，线路廊道的保护直接影响电网安全。树线、线房矛盾是供电企业长期以来面临的主要矛盾之一。不少村民在高压线路下种植毛竹、树木等容易危害电力线路的植物，且劝导效果不佳。对此，建议供电企业要紧紧依托政府，建立良好的政企关系，以政府为主导对线路廊道开展定期清理。发现隐患后供电企业应及时下达隐患整改通知书，保留证据，积极主张权利，必要时可通过法院起诉，掌握主动权。部分供电企业通过政府发文，明确电网规划建设项目用地范围内，不得批准其他项目建设，不得占用已列入规划和投入使用的变电设施用地、架空电力线路走廊和电缆通道等。此类做法值得借鉴。

四、其他参考案例

案例 1：线房距离符合规范，110 千伏线路不需迁移

案号：（2015）阳春法民一初字第 831 号、（2016）粤 17 民终 433 号、（2018）粤 17 民再 1 号

1992 年，被告供电企业投运 110 千伏东崆输电线路，原告张某等 18 户人中已有人在线路架设范围内建房。2009 年 11 月，被告供电公司对 110 千伏东崆输电线路进行改造，将线路的对地距离提升到 24 米（最高的可达 30 米）。2010 年 7 月，经当地建设局批复，被告对该线路再次进行改造并于 2011 年 1 月投运。2011 年 2 月，被告供电公司对原告张某等 18 户人的房屋与该输电线路距离进行测量，测量结果为 18 户人的房屋与 110 千伏东崆线距离符合标准，并有原告张某等 18 户人的签名确认。2012 年 1 月，经过第三方环境测试中心测试，原告张某等 18 户均符合相关标准。原告张某多次通过信访等形式向政府提出诉求，认为被告架设的输电线路会对原告的人身或财产造成影响，2014 年当地信访局等 11 家部门就原告的信访事项举行公开听证会，听证会认为 110 千伏东崆输电线路项目的实施是合法合规的，且根据第三方评测，110 千伏东崆线电磁场符合《电力法》和《电力设施保护条例》规定的国家行业标准。2015 年 8 月，张某等 18 名原告以 110 千伏东崆输电线路途经原告房屋危及生命安全为由，请求法院判处供电公司拆除 110 千伏输电线路，停

止侵害，消除危险。

一审、二审法院认为：本案属消除危险纠纷，供电公司架设的 110 千伏高压线经过当地城建规划主管部门审批后建设，且经过鉴定机构鉴定该线路的电场和磁场强度值未超过国家规定的标准值。原告张某等 18 名原告与 110 千伏输电线路实际净空距离最近的是 7.94 米，该距离高于规定的 4 米（《110 千伏—750 千伏架空输电电线路设计规范》），符合国家规定。驳回原告的请求。再审维持原判。

案例 2：线房距离符合规范，500 千伏线路不需迁移

案号：（2014）扬民终字第 01110 号、（2015）苏审二民申字第 00694 号

2012 年 5 月，某市供电公司经批准实施了 500 千伏输电线路架设工程，该电力线路部分架空线路从陈某所有的房屋东侧上空通过。陈某以供电公司 500 千伏架空电力线路与其房屋的距离不符合国家相关规范，电力设施所产生的辐射给其生活和工作造成了严重妨碍，致使其种植植物、饲养动物、日常劳动及房屋翻建、维修均受到了限制，出门行走也处在危险之中，房屋已不适合居住为理由，提起排除妨碍之诉。一审中，经司法鉴定，某工程设计研究有限公司对陈某的房屋与供电公司 500 千伏电力线路杆线安全距离绘制了测量图，测得线路与房屋之间的距离符合电力规范要求。一审驳回原告的诉讼请求，二审维持原判，再审驳回申请。

案例 3：恢复采矿不能影响已投运输电线路的安全运行

案号：（2017）鄂 2826 民初 1222 号、（2018）鄂 28 民终 844 号

2008 年 6 月 30 日原告某采石场取得了采矿许可证，2011 年 5 月 18 日办理了个体工商户营业执照，之后一直在其矿区范围内从事采矿经营活动。被告供电公司建设的案涉 220 千伏输电线路工程，于 2008 年 11 月通过评审，2009 年 7 月经省发展改革委核准同意并开始建造，2010 年 6 月正式投入运营。2017 年 4 月，原告向当地安监局申请恢复生产未获同意，同年 5 月向当地经信局申请在矿区内开展爆破也未获批准。原告认为由于电气化铁路的运营导致其正常经营受阻，2017 年 7 月，原告提起诉讼，请求法院判令被告将其营运的 220 千伏变压线路案涉线路及其 065 号铁塔迁移至原告矿区 500 米以外。

一审法院认为：原告并未向人民政府电力行政主管部门申请批准在符合安全防护措施的条件下采矿，仅因无法得到相关行政主管部门批准复工及不予批准爆破作业而要求被告排除妨害，且原告 2008 年 6 月至 2011 年 5 月之间未办理个体工商户营业执照，处于无照经营状态，期间该输电线路的建造中原告亦未向被告主张权利。同时该工程作为国家重大工程项目，项目投资巨大并已投入运营多年，不仅涉及被告的经济利益，更涉及社会的公共利益，原告以无法得到相关行政主管部门批准复工及不予批准爆破作业为由，要求被告迁移相关线路，无足够证据证实，法院不予支持。二审法院驳回原告上诉，维持原判。

案例 4：线路防护区内种植作物应符合要求

案号：（2013）香民五初字第 307 号、（2014）哈民一民终字第 271 号

1996 年，被告某供电公司建设阿东高压线路，2006 年对该线路进行改造，线路穿越原告吴某承包地上空，距离原告吴某承包地面的垂直距离 9.6 米。2002 年 10 月，原告吴某在其承包地上搭建铁架，同月被告供电公司因其在线路防护区内拉铁丝种植葡萄，向其送达隐患通知书，要求原告自行拆除铁架。2004 年，原告吴某经政府相关部门审批在其承包田内建温室两个、作业间各一个，并修建了温室的围墙和铁架。2005 年 7 月，被告供电公司对原告下达隐患通知书。2008 年起，原告吴某向当地法院起诉，要求被告供电公司排除妨碍，该请求被当地中级人民法院、高级人民法院驳回。2011 年冬，原告吴某种植的葡萄树被冻死，认为是由于被告架设的线路原因导致其无法铺盖塑料膜，致使种植的葡萄被冻死。2013 年，原告吴某向一审法院起诉，请求判决被告供电公司赔偿经济损失 70 万元。

法院认为，依据《黑龙江省电力设施建设与保护条例》第十三条的规定：架空输电线路走廊和地下电缆通道建设不实行征地。供电公司对架空线路走廊的土地区域并不占有、使用，设定保护区亦不符用益物权种类形式的特征。早在原告搭建温室和葡萄架之前，改造前的高压线路即已经存在。原告在已经存在的高压线路下搭建温室和葡萄架，违反了国家法律的禁止性规定，不受法律保护。已有人民法院生效的民事判决书，认定被告架设的线路不构成对原告承包土地的妨碍，且原告葡萄树因未覆盖塑料膜而被冻死，与被告供电公司的行为不具有法律上的因

果关系，故对原告吴某的请求不予支持。二审法院维持原判。

案例 5：高压线下种植速生桉树，法院判决 48 小时内清除

案号：（2018）粤 1322 民初 1804 号

原告某省电力有限公司输电检修分公司负责管理三峡至广东某省境内电力线路的运行维护工作，该省境内电力线路是三峡电站的输出路线和国家电网连接南方电网的枢纽。2017 年 9 月，原告发现被告彭某在该电力线路 2315—2316 塔杆位高压线下的水田种植桉树。原告委托律师事务所于 2017 年 9 月 19 日向被告彭某出具律师函，告知被告彭某在 2017 年 12 月 1 日前自行清除其种植的危害电力线路的桉树，但被告彭某拒绝自行清除并阻止原告的工作人员清除危害电力线路的桉树。另查明，2016 年双方曾就电力线路同地段不同位置种植桉树达成过补偿砍伐协议，已经砍伐，被告 2017 年新种的桉树不在以上协议已经砍伐位置，仍在电力线路设施保护区范围内。

一审法院认为，电力设施受国家保护，在依法划定电力设施保护区前已经种植的植物妨碍电力设施安全的，应当修剪或者砍伐。被告的行为已经严重危害三峡至广东该段输电线电力设施安全运行，随时可能发生特别重大安全事故，给国家和人民财产造成无法挽回的损失。被告有义务和责任清除种植的危害电力线路的桉树，被告拒绝自行清除，原告进行清除相关费用也应由被告承担，由于原告对清除费用没有请求，本院不作处理。在诉讼中，原告基于被告种植桉树随时可能发生严重的危害，申请先予执行，对该申请本院认为应当予以准许，因为已经开庭审理，对先予执行的申请在本判决中一并予以体现，不另行裁定。关于被告主张的电力线路对人身和环境损害，和本案不是同一法律关系，可提供证据向有主管管辖权的机关另行主张。判决被告彭某在本判决宣告后四十八小时之内清除在涉案高压线下的水田种植的桉树。被告彭某逾期不清除的，由原告组织人员予以清除，被告彭某不得阻止。

第六章　建设用地规划许可

第一节　农用地转为建设用地获批前，应谨慎组织征地

一、参考案例

案例 1：输变电工程建设用地获批前组织征收被判违法，最高法改判不违反法律规定

案号：（2016）闽 03 行初 257 号、（2017）闽行终 329 号、（2017）最高法行申 9126 号

2015 年 11 月 3 日，某省人民政府批复同意某市将农民集体所有农用地 49800 平方米（其中耕地 42457 平方米）转为建设用地并办理征地手续，由当地人民政府以划拨方式提供，作为 500 千伏输变电工程建设用地。该市上迳镇人民政府于 2016 年 3 月 22 日出具 500 千伏输变电工程建设用地征地款到位的证明。2016 年 8 月 22 日，原告诉至法院，称被告在没有征地批复的情况下，组织实施征收原告的土地强行施工，请求法院判决确认被告组织实施征收原告土地的行为无效。

一审法院院认为，500 千伏输变电工程建设用地项目的土地征收，经省人民政府批复由农用地转为建设用地后，被告市政府及其土地行政管理部门被告市国土局征地过程履行了"两公告一登记"程序。但根据原告提供的现金凭证和被告的自认，土地补偿费在 2012 年就已经开始发放，两被告已经着手实施征地行为，而诉争地块的项目建设用地是 2015 年经国务院批准征收。判决确认被告市人民政府、市国土资源局实施的土地征收行为违法。

二审法院院认为，市人民政府和市国土局在征收土地方案获批之后，虽依法发布了征收土地公告、征地补偿安置方案公告，并在征收土地方案批准之前即向被征地农民预先发放土地补偿费，但未依法履行征地补偿登记程序，对被征收土地的面积、地上附着物等情况予以登记核实，导致征地补偿费用是否足额发放的事实无法确认，市政府和市国土局组织实施征地行为事实不清，主要证据不足，程序违法。由于本案所涉土地业经有权机关批准征收，且征地行为一经实施，无法撤销，因此原审判决确认市人民政府、市国土局组织实施土地征收行为违法并无不当。

判决驳回上诉，维持原判。

最高人民法院再审认为：市人民政府、市国土局在上级批复作出之前，为确保案涉集体土地征收与补偿工作有序开展，预先组织实施土地补偿费用发放等工作，不违反法律规定。但是，市人民政府、市国土局在有批准权的人民政府批准征收土地后，应依法履行征地补偿登记等行政程序。市人民政府、市国土局没有对照有批准权的人民政府作出的征地批准文件，对被征收土地面积、地上附着物权属、青苗等依法进一步登记核实，也没有确认相应征地补偿费用是否足额发放、是否充分保障被征收人合法权益等，不符合上述规定精神，属于程序违法。因有批准权的人民政府已经依法将案涉集体土地纳入征收范围，故村民委员会要求返还案涉被征收土地，没有法律依据。裁定驳回再审申请人村民委员会的再审申请。

案例 2：土地征收行为违法，经过有权机关批准征收后不必恢复原状

案号：（2016）闽 03 行赔初 49 号、（2017）闽行赔终 51 号、（2017）最高法行申 9097 号

2013 年 6 月 3 日，某市国土资源局和市人力资源和社会保障局向某村发出融国土资征告字〔2013〕第 063 号《征地（听证）告知书》。村委会于同年 7 月 1 日书面同意放弃听证。2015 年 5 月 4 日，市国土资源局制作 500 千伏变电站的建设用地项目呈报材料"一书四方案"。2015 年 11 月 3 日，省人民政府批复同意市将农民集体所有农用地转为建设用地并办理征地手续。2015 年 11 月 11 日，市人民政府发布征收土地公告。同日，市国土资源局发布征地补偿安置方案公告并在该村村部张贴。镇人民政府于 2016 年 3 月 22 日出具 500 千伏输变电工程建设用地征地款到位的证明。村委会不服，于 2016 年 8 月 22 日提起诉讼，要求恢复原状。

一审法院认为，在关联的行政征收案中，法院已经确认市人民政府、市国土资源局实施的土地征收行为违法，但基于案件实际情况，恢复土地原状会造成公共利益受损，故该案恢复土地原状并返还土地已无实现可能。判决驳回村委会的诉讼请求。

二审法院认为，涉案土地已经有权机关依法批准征收并已实施征收，因此村委会请求恢复原状并返还土地没有法律根据。虽然市人民政府及

市国土资源局组织实施的征地行为被确认违法，但村委会除要求恢复原状并返还土地外，未提供证据证明存在其他损失并要求赔偿。判决维持原判。

最高人民法院再审认为，虽然在关联案件中市人民政府、市国土资源局的组织实施行为因违反法定程序等原因被确认违法，但案涉土地已经有权机关批准征收为国有，而且案涉土地的征地补偿费用已向村委会支付，被征地集体经济组织和个人的补偿安置实体权益已得到了保障，故村委会要求恢复原状的赔偿请求不能成立。此外，村委会亦未能提供证据证明被确认违法的组织实施征收行为侵犯了其补偿安置权益之外的其他合法权益，故对其要求支付赔偿金的主张不予支持。裁定驳回再审申请人村民委员会的再审申请。

案例 3：输变电工程农用地转为建设用地合法有效

案号：（2019）皖 18 民终 224 号

2016 年，因某市东南部乡镇用电需要，省电力公司拟在该镇建设输变电工程，由被告某供电公司建设。2018 年 3 月，输变电工程开始施工，该工程占用原告孙某承包地。孙某向一审法院起诉请求：判令供电公司、村委会立即停止违法占用孙某承包土地的电力施工行为。

一审法院认为，供电公司与镇政府签订供地协议书，已取得案涉土地使用权，且建设项目经过市发展改革委批复并取得建设项目选址意见书，该项目建设行为具有合法性。判决驳回孙某的诉讼请求。

二审法院于 2019 年 4 月 11 日向市自然资源和规划局核实了省人民政府城乡建设用地增减挂钩批复原件、调取了土地勘测定界技术报告书、2016 年市第一批次城乡建设用地增减挂钩试点项目建新区面积汇总表各 1 份，制作询问笔录 1 份，并组织各方当事人对上述证据进行质证。

二审法院认为，供电公司与镇人民政府签订了供地协议并支付了土地补偿款，建设项目经过市发展改革委批复并取得《建设项目选址意见书》，且讼争土地经过省人民政府批复由农用地转为建设用地，用于公共基础设施建设，案涉工程项目用地符合法律规定，供电公司在该土地上建设项目的施工行为无明显不当。判决驳回上诉，维持原判。

案例 4：基本农田转用应由国务院审批，但承包耕地不一定是基本农田

案号：（2016）辽 05 行初 61 号、（2017）辽行终 407 号、（2019）最

高法行申 3466 号

原告何某系某村农民。2015 年 7 月，220 千伏输变电工程项目开工建设，因该项目建设需要占用何某承包地 1.8 亩（1200 平方米）。征地前，区政府已向何某进行了告知，将该工程占地补偿情况予以公示，并将补偿款拨付至村委会。何某按协商约定领取了地上附着物青苗补偿款 9000 元，但认为补偿标准过低，尚未领取占地补偿款 29443 元。由于协商未果，何某向法院提起诉讼，请求确认区政府征占土地的行政行为违法，并主张按照《土地管理法》的规定以基本农田的标准对其案涉土地进行补偿。

一审法院认为：何某提出的诉讼请求实质是对 220 千伏输变电工程的征收补偿标准低不服而要求确认区政府的行政征收行为违法。根据上述行政法规和司法解释规定，何某不服征地补偿标准，应当先行申请行政机关裁决，对裁决不服的，才能够向人民法院提起行政诉讼，故对其起诉不予支持。裁定驳回原告何某的起诉。二审裁定驳回上诉。何某在再审申请中认可了省人民政府作出了关于 220 千伏输变电工程项目建设用地的批复。因何某提起本案诉讼的实质是因对其被征占土地的补偿标准存有异议，最高人民法院驳回再审申请。

二、法律分析

（一）关键法条

1.《土地管理法》（经修订后于 2020 年 1 月 1 日起施行）

第四条　国家实行土地用途管制制度。

国家编制土地利用总体规划，规定土地用途，将土地分为农用地、建设用地和未利用地。严格限制农用地转为建设用地，控制建设用地总量，对耕地实行特殊保护。

前款所称农用地是指直接用于农业生产的土地，包括耕地、林地、草地、农田水利用地、养殖水面等；建设用地是指建造建筑物、构筑物的土地，包括城乡住宅和公共设施用地、工矿用地、交通水利设施用地、旅游用地、军事设施用地等；未利用地是指农用地和建设用地以外的土地。

使用土地的单位和个人必须严格按照土地利用总体规划确定的用途

使用土地。

第三十条 国家保护耕地，严格控制耕地转为非耕地。

国家实行占用耕地补偿制度。非农业建设经批准占用耕地的，按照"占多少，垦多少"的原则，由占用耕地的单位负责开垦与所占用耕地的数量和质量相当的耕地；没有条件开垦或者开垦的耕地不符合要求的，应当按照省、自治区、直辖市的规定缴纳耕地开垦费，专款用于开垦新的耕地。

第三十三条 国家实行永久基本农田保护制度。下列耕地应当根据土地利用总体规划划为永久基本农田，实行严格保护：

（一）经国务院农业农村主管部门或者县级以上地方人民政府批准确定的粮、棉、油、糖等重要农产品生产基地内的耕地；

（二）有良好的水利与水土保持设施的耕地，正在实施改造计划以及可以改造的中、低产田和已建成的高标准农田；

（三）蔬菜生产基地；

（四）农业科研、教学试验田；

（五）国务院规定应当划为永久基本农田的其他耕地。

各省、自治区、直辖市划定的永久基本农田一般应当占本行政区域内耕地的百分之八十以上，具体比例由国务院根据各省、自治区、直辖市耕地实际情况规定。

第四十四条 建设占用土地，涉及农用地转为建设用地的，应当办理农用地转用审批手续。

永久基本农田转为建设用地的，由国务院批准。

在土地利用总体规划确定的城市和村庄、集镇建设用地规模范围内，为实施该规划而将永久基本农田以外的农用地转为建设用地的，按土地利用年度计划分批次按照国务院规定由原批准土地利用总体规划的机关或者其授权的机关批准。在已批准的农用地转用范围内，具体建设项目用地可以由市、县人民政府批准。

在土地利用总体规划确定的城市和村庄、集镇建设用地规模范围外，将永久基本农田以外的农用地转为建设用地的，由国务院或者国务院授权的省、自治区、直辖市人民政府批准。

第四十六条 征收下列土地的，由国务院批准：

（一）永久基本农田；

（二）永久基本农田以外的耕地超过三十五公顷的；

（三）其他土地超过七十公顷的。

征收前款规定以外的土地的，由省、自治区、直辖市人民政府批准。

征收农用地的，应当依照本法第四十四条的规定先行办理农用地转用审批。其中，经国务院批准农用地转用的，同时办理征地审批手续，不再另行办理征地审批；经省、自治区、直辖市人民政府在征地批准权限内批准农用地转用的，同时办理征地审批手续，不再另行办理征地审批，超过征地批准权限的，应当依照本条第一款的规定另行办理征地审批。

2.《土地管理法实施条例》（2014 年 7 月 29 日修正版）

第二十五条　征收土地方案经依法批准后，由被征收土地所在地的市、县人民政府组织实施，并将批准征地机关、批准文号、征收土地的用途、范围、面积以及征地补偿标准、农业人员安置办法和办理征地补偿的期限等，在被征收土地所在地的乡（镇）、村予以公告。

被征收土地的所有权人、使用权人应当在公告规定的期限内，持土地权属证书到公告指定的人民政府土地行政主管部门办理征地补偿登记。

市、县人民政府土地行政主管部门根据经批准的征收土地方案，会同有关部门拟订征地补偿、安置方案，在被征收土地所在地的乡（镇）、村予以公告，听取被征收土地的农村集体经济组织和农民的意见。征地补偿、安置方案报市、县人民政府批准后，由市、县人民政府土地行政主管部门组织实施。对补偿标准有争议的，由县级以上地方人民政府协调；协调不成的，由批准征收土地的人民政府裁决。征地补偿、安置争议不影响征收土地方案的实施。

征收土地的各项费用应当自征地补偿、安置方案批准之日起 3 个月内全额支付。

（二）要点简析

1. 我国实行土地用途管制制度

根据经修订后于 2020 年 1 月 1 日起施行的《土地管理法》第四条第一款、第二款，国家实行土地用途管制制度。国家编制土地利用总体规划，规定土地用途，将土地分为农用地、建设用地和未利用地。严格限制农用地转为建设用地，控制建设用地总量，对耕地实行特殊保护。

（1）基本农田。根据《基本农田保护条例》第二条，基本农田是指按照一定时期人口和社会经济发展对农产品的需求，依据土地利用总体规划确定的不得占用的耕地。基本农田保护区，是指为对基本农田实行特殊保护而依据土地利用总体规划和依照法定程序确定的特定保护区域。

（2）永久基本农田。永久基本农田即对基本农田实行永久性保护，2008 年中共十七届三中全会提出此概念，明确"永久基本农田"即无论什么情况下都不能改变其用途，不得以任何方式挪作他用的基本农田。

（3）农用地、建设用地。根据经修订后于 2020 年 1 月 1 日起施行的《土地管理法》第四条第三款，农用地是指直接用于农业生产的土地，包括耕地、林地、草地、农田水利用地、养殖水面等；建设用地是指建造建筑物、构筑物的土地，包括城乡住宅和公共设施用地、工矿用地、交通水利设施用地、旅游用地、军事设施用地等。

综上可知：耕地不一定是基本农田。基本农田保护区经依法划定后，任何单位和个人不得改变或者占用。如本节案例 4，原告的承包土地未列入基本农田，依法可由省人民政府批准转用。

2. 征收土地实行国务院和省级人民政府两级审批制度

土地征收是指国家为了公共利益需要，依照法律规定的程序和权限将农民集体所有的土地转化为国有土地，并依法给予被征地的农村集体经济组织和被征地农民合理补偿和妥善安置的法律行为。根据《土地管理法》第四十四条，建设占用土地，涉及农用地转为建设用地的，应当办理农用地转用审批手续。征收土地实行国务院和省级人民政府两级审批制度。

永久基本农田转为建设用地的，由国务院批准。征收永久基本农田、永久基本农田以外的耕地超过三十五公顷的、其他土地超过七十公顷的，由国务院批准。

征收非永久基本农田、永久基本农田以外的耕地未超过三十五公顷、其他土地未超过七十公顷的，由省、自治区、直辖市人民政府批准。

3. 征地方案批准之前先行组织征收有一定的合理性

征地拆迁涉及群众的切身利益，过程十分繁杂。为了确保土地征收与补偿工作有序开展，一些地方在上级批复作出之前，即预先组织实施土地补偿费用发放等工作。此类情况并不少见。如本节案例1，当地政府在征地方案批准之前先行组织征收的行为，一审、二审法院均认为违法，但是最高人民法院再审认为，该种行为并不违反法律规定。但是最高人民法院同时指出，在有批准权的人民政府批准征收土地后，应对照有批准权的人民政府作出的征地批准文件，对被征收土地面积、地上附着物权属、青苗等依法进一步登记核实，确认相应征地补偿费用是否足额发放、是否充分保障被征收人合法权益等，如未履行上述补充程序，也属违法。

三、防范重点

1. 供电企业应积极配合政府完成农用地转用手续

一是确认符合农用地转用年度规划。根据《土地管理法》第四十四条，在土地利用总体规划确定的城市和村庄、集镇建设用地规模范围内，为实施该规划而将永久基本农田以外的农用地转为建设用地的，按土地利用年度计划分批次按照国务院规定由原批准土地利用总体规划的机关或者其授权的机关批准。在已批准的农用地转用范围内，具体建设项目用地可以由市、县人民政府批准。可见，农用地转用必须符合土地利用总体规划、城市建设总体规划和土地利用年度计划。因此，输变电项目农用地转用具体操作过程中，应首先向国土资源局、建设部门、规划部门咨询该农用地是否符合上述的各项规划。

二是按规定缴纳选址规费。确认该农用地可以用于建设，再根据建设部门的要求，进行建设项目可行性论证，向建设部门提交用地申请，建设部门审查符合的，颁发建设项目的选址意见书，用地单位应按规定缴纳选址规费。

三是办理农用地转用审批手续。根据《土地管理法》第四十六条，征收农用地的，应当依照本法第四十四条的规定先行办理农用地转用审批。用地单位持该选址意见书向同级国土资源局提出用地预审申请，由该国土资源局核发建设项目用地预审报告书。目前大多数地区的选址意见书和土地预审批复已合并办理。用地单位凭建设项目用地预审报告书向建设部门、环保局等办理立项、规划、环保许可等手续。用地单位再持以上审批文件，向原预审的国土资源局提出项目用地的正式申请。国土资源局根据土地利用总体规划、城市建设总体规划和土地利用年度计划，拟定农用地转用方案、补充耕地方案、征地方案和供地方案，分不同类型，经各级人民政府审批。

四是办理征地补偿、安置等手续。由国土资源局具体负责对该农用地的所有权人和使用权人进行征用，签订补偿安置协议，按征地程序办理征地手续。国土资源局根据批准的供地方案，在征地的补偿、安置补助完成后，向用地单位发出批准用地文件和建设用地批准书，被征地单位应在规定的期限内交出土地。

2. 供电企业应配合政府规范做好拆迁安置工作

实事求是、扎实细致地做好土地转征前期工作是做好被征地农民补偿安置工作的必要前提，是做好补划基本农田、补充耕地等工作的重要基础。这些直接关系到广大被征地农民的切身利益，直接关系到国家各项土地管理制度的落实。所以，在报批土地转征方案前，一定要依照法定程序做好前期预告、调查、确认、听证等工作。市、县人民政府土地行政主管部门应在土地征用批准后及时将征地补偿费用支付给被征用土地的农村集体组织或村民委员会。凡在协商征地方案后抢种的农作物、树木和抢建的设施，一律不予补偿。土地补偿费由农村集体经济组织或者村民委员会管理。安置补助费按照"谁负责安置由谁管理、使用"，不安置的支付给个人。地上附着物补偿费，谁拆迁或迁建的，支付给谁；自行拆迁的，支付给附着物的所有者；林木、果树补偿给所有者。青苗补偿费支付给所有者。禁止侵占、挪用被征地单位征地补偿费和其他有关费用。

供电企业虽与当地政府签订拆迁补偿协议，由政府负责安置，但相关的规定应了然于心，确保不发生差错。

第二节　国家森林公园实行特殊保护，需经林业审批

一、参考案例

案例：在国家森林公园利用原走廊建塔基不需要经过国家林业局审批

案号：（2016）粤 19 民终 2608 号

　　1999 年 11 月 30 日，原告黄某与被告村民委员会签订联合开发合同书，约定开发期限为 50 年。2002 年 5 月 22 日，黄某注册成立公司。2005 年 12 月 23 日，国家林业局作出准许设立国家级森林公园的行政许可，期限至 2049 年 11 月 30 日。

　　某 220 千伏双回送电线路和某 110 千伏输变电配套线路工程经过森林公园路段时，在利用原有的路径走廊的基础上，需新建三个塔基。被告供电局与居委会及相关居民达成了三个塔基的青苗及用地补偿。2012 年 6 月 26 日，黄某及公司不同意供电局在森林公园境内进行上述三个塔基的建设。双方产生争议，在未能协商一致的情况下，供电局在森林公园内进行了三个塔基的建设。黄某及公司提起诉讼，主张索赔用于恢复因建设上述三个塔基而被破坏的植被和土地等费用 50 万元。

　　一审法院认为，黄某及公司作为承包经营者，对森林公园享有开发利用的权利，依法享有相应的用益物权。建设某 220 千伏双回送电线路及某 110 千伏输变电配套线路两项工程，已经通过了市和省的水利、环保、规划、国土、省发展与改革委员会等相关部门的审批，系合法开工建设的工程。上述两项工程通过森林公园境内时，利用原有线路径走廊进行改造，并未新增塔基数量，对黄某及其公司的用益物权并未造成损害。220 千伏双回送电线路及 110 千伏输变电配套线路这两项工程的建设，涉及该市几个镇的用电扩容，事关这一区域的居民生活以及经济发展，属于民生工程，关系到公共利益。黄某及其公司行使用益物权也不得损害此公共利益。供电局利用原有线路改造，并已对土地的使用权人相应居委会及居民进行了青苗补偿及土地补偿，不需要通过国家林业局审批。判决驳回黄某及某公司的全部诉讼请求。二审驳回上诉，维持原判。

二、法律分析

（一）关键法条

《国家级森林公园管理办法》

　　第十五条　严格控制建设项目使用国家级森林公园林地，但是因保护森林及其他风景资源、建设森林防火设施和林业生态文化示范基地、保障游客安全等直接为林业生产服务的工程设施除外。建设项目确需使用国家级森林公园林地的，应当避免或者减少对森林景观、生态以及旅游活动的影响，并依法办理林地占用、征收审核审批手续。建设项目可能对森林公园景观和生态造成较大影响或者导致森林风景资源质量明显降低的，应当在取得国家级森林公园撤销或者改变经营范围的行政许可后，依法办理林地占用、征收审核审批手续。

（二）要点简析

输变电项目应当避免或者减少对国家森林公园的影响。本节案例涉及国家森林公园的土地利用问题。关于三个塔基的建设是否需要通过国家林业局审批这一问题，黄某及公司认为依据国家林业局颁发的部门规章《国家级森林公园管理办法》第十五条第二款的规定，上述三个新塔基的建设应需要国家林业局的审批，供电局则认为无须通过国家林业局的审批。一审法院认为，《国家级森林公园管理办法》第十五条第二款规定"建设项目确需使用国家级森林公园林地的，应当避免或者减少对森林景观、生态以及旅游活动的影响，并依法办理林地占用、征收审核审批手续"。本案中，供电局利用原有线路改造，并已对土地的使用权人相应居委会及居民进行了青苗补偿及土地补偿，符合该条的规定。

三、防范重点

供电企业应坚持在政府的主导下办理征地手续。随着我国城市化加快，工业化提升，产业化升级，国际化迈进，耕地绝对量减少，合理利用土地与有效保护资源之间的矛盾不断加大，政府土地征收与农民权益维护之间的冲突时有发生。输变电项目前期工作中，由土地征收引发的各种纠纷也时有发生，甚至产生暴力冲突事件，在影响社会稳定的同时，也给电网发展带来阻力。政府作为征地工作的主导者，在实现国家政策方针、地方经济发展和维护群众利益等方面起到十分重要且关键的作用。输变电工程项目应坚持以政府为主体，增强征地政策的可行性，完善征地补偿制度和安置方案，落实信息公开，建立保障机制，确保征地经批准后依法组织实施，化解输变电工程前期土地征地纠纷。

第三节　用地规划许可违法但其他手续合法，无须撤销

一、参考案例

案例 1：担心变电站运行后产生不良影响要求撤销建设用地规划许可证，未获支持

案号：（2014）中行初字第 155 号

被告某市城乡规划局于 2013 年 8 月 15 日作出建设用地规划许可证。原告杨某认为被告向第三人省电力公司下属某供电公司颁发的建设用地规划许可证的程序违法，请求法院依法撤销。

法院经审理查明，2007 年 10 月 26 日被告给第三人办理了建设项目选址意见书，作为审批某变电站建设项目设计任务书的法定附件。诉讼中原告对被告的建设用地规划许可证所依据的选址意见书、投资计划、环评批复、土地预审意见等均提出了不同的认识和观点作为支持其诉请的理由，但在上述依据未经法定程序被确认无效或撤销前，法院对其关联性、合法性予以采信。被告在办理本案被诉用地许可时，该建设用地项目已经通过环评审查和用地预审，取得建设工程核准文件。原告以担心该变电站运行后所使用的油浸变压器设备爆炸起火及辐射、噪声产生不良影响，认为被告的建设用地规划许可行为侵犯其合法权益，没有事实依据和法律依据，其诉讼请求法院不予支持。虽然被告在办理本案所涉用地许可时存在申请在后公示在前、航测图与现状不符等瑕疵，从而使原告对该用地许可产生质疑，但不足以导致本案被诉行政行为被撤销。判决驳回原告杨某要求撤销被告为第三人供电公司 2013 年 8 月 15 日作出的建设用地规划许可证的诉讼请求。

案例 2：建设用地规划许可时未予公示属于程序违法，无须撤销

案号：（2015）绍行终字第 61 号

2010 年 6 月 8 日，某省住房和城乡建设局作出建设项目选址意见书，确认省道某工程项目符合城乡规划要求，并在其门户网站进行了公示。2014 年，因该项目所需土地需征收涉及原告租赁的土地等，原告向被告下属某分局申请政府信息公开，得知上述建设用地规划许可证的具体内

容。原告于 7 月 28 日向省住房和城乡建设厅申请行政复议，该机关于 10 月 20 日作出行政复议决定，维持被告作出的建设用地规划行政许可决定。原告不服，提起行政诉讼。

一审法院审理认为，本案所涉工程为交通基础设施建设项目，省住房和城乡建设厅已经核发选址意见书。第三人持上述选址意见书和省发展和改革委员会的相关建设项目批准文件，向被告提出建设用地规划许可申请，被告作出许可决定并核发建设用地规划许可证，并未违反法律规定。但被告在作出许可时，未在政府门户网站等进行公示，不符合法律规定，因省住房和城乡建设厅在核发选址意见书时已对该建设工程进行公示，故被告未予公示的行为属于程序瑕疵。判决驳回原告吴某的诉讼请求。

二审法院认为，被诉建设用地规划许可因未公告而程序违法。但第三人申请用地规划许可时提交了符合法律、法规规定的材料。本案所涉建设项目已经省发展和改革委员会批准，并经省住房和城乡建设厅核发建设项目选址意见书，第三人持上述文件向市规划局提出建设用地规划许可申请，符合法律规定，上诉人关于其中的选址意见书及可行性研究报告违法这一上诉理由，不属于本案审查范围。改判决确认涉案建设用地规划许可程序违法，驳回一审原告其他诉讼请求。

二、法律分析

（一）关键法条

1.《城乡规划法》（2019 年 4 月 23 日第二次修正）

第二十六条 城乡规划报送审批前，组织编制机关应当依法将城乡规划草案予以公告，并采取论证会、听证会或者其他方式征求专家和公众的意见。公告的时间不得少于三十日。组织编制机关应当充分考虑专家和公众的意见，并在报送审批的材料中附具意见采纳情况及理由。

第三十七条 在城市、镇规划区内以划拨方式提供国有土地使用权的建设项目，经有关部门批准、核准、备案后，建设单位应当向城市、县人民政府城乡规划主管部门提出建设用地规划许可申请，由城市、县人民政府城乡规划主管部门依据控制性详细规划核定建设用地的位置、面积、允许建设的范围，核发建设用地规划许可证。

建设单位在取得建设用地规划许可证后，方可向县级以上地方人民政府土地主管部门申请用地，经县级以上人民政府审批后，由土地主管部门划拨土地。

2.《关于统一实行建设用地规划许可证和建设工程规划许可证的通知》（建规〔1990〕66号）

（一）申请建设用地规划许可证的一般程序

1. 凡在城市规划区内进行建设需要申请用地的，必须持国家批准建设项目的有关文件，向城市规划行政主管部门提出定点申请；

2. 城市规划行政主管部门根据用地项目的性质、规模等，按照城市规划的要求，初步选定用地项目的具体位置和界限；

3. 根据需要，征求有关行政主管部门对用地位置和界限的具体意见；

4. 城市规划行政主管部门根据城市规划的要求向用地单位提供规划设计条件；

5. 审核用地单位提供的规划设计总图；

6. 核发建设用地规划许可证。

（二）建设用地规划许可证应当包括标有建设用地具体界限的附图和明确具体规划要求的附件。附图和附件是建设用地规划许可证的配套证件，具有同等的法律效力。附图和附件由发证单位根据法律、法规规定和实际情况制定。

（二）地方法规参考

《浙江省城乡规划条例》（自2010年10月1日起施行）

第三十九条　规划条件未纳入国有土地使用权出让合同的，该国有土地使用权出让合同无效；对未取得建设用地规划许可证的建设单位批准用地的，由县级以上人民政府撤销有关批准文件；占用土地的，应当及时退回；给当事人造成损失的，应当依法给予赔偿。

第二十八条　规划许可直接涉及申请人与他人之间重大利益关系的，规划许可机关在作出规划许可决定前，应当将许可内容、申请人和利害关系人享有的权利等事项在政府门户网站和建设项目现场等场所进行公告，公告期限不少于十日。

申请人、利害关系人对许可事项提出异议的，规划许可机关应当研究处理，并及时回复处理结果。申请人、利害关系人在法定期限内提出听证要求的，规划许可机关应当组织听证。

规划许可机关应当自作出规划许可决定之日起十五日内，将许可内容在政府门户网站和建设项目现场等场所向社会公布。

（三）要点简析

1. 申领建设用地规划许可证的前置条件

建设用地规划许可是指建设单位在向土地管理部门申请征用、划拨土地前，经城乡规划行政主管部门确认建设项目位置和范围符合城乡规划的法定依据，是建设单位用地的法律凭证。

申领建设用地规划许可证前，项目单位持项目核准文件、规划选址、用地预审意见和土地测绘机构出具的土地勘测定界技术报告书等向国土房管部门申请办理用地报批手续。建设项目用地涉及农用地转为建设用地或征收农村集体土地的，由国土房管部门拟订农用地转用方案、补充耕地方案、征收土地方案和供地方案报有审批权的人民政府批准。涉及国有土地使用权收回和国有土地上房屋征收的，由国土房管部门拟订国有土地使用权收回和房屋征收方案，报市（县级市）人民政府批准实施。土地预审后，项目单位持项目核准文件和用地预审意见向规划部门提出建设用地规划许可申请。

2. 申领建设用地规划许可证的一般程序

凡在城市规划区内进行建设需要申请用地的，须持国家批准建设项目的有关文件，向城市规划行政主管部门提出定点申请；城市规划行政主管部门根据用地项目的性质、规模等，按照城市规划的要求，初步选定用地项目的具体位置和界限并根据需要，征求有关行政主管部门对用地位置和界限的具体意见；城市规划行政主管部门根据城市规划的要求向用地单位提供规划设计条件，审核用地单位提供的规划设计总图，核发建设用地规划许可证。

建设用地规划许可证包括标有建设用地具体界限的附图和明确具体规划要求的附件。附图和附件是建设用地规划许可证的配套证件，具有同等的法律效力。附图和附件由发证单位根据法律、法规规定和实际情况制定。

三、防范要点

1. 尽快办理用地批准文件，避免建设用地规划许可证过期

具体工作过程中，要关注建设用地规划许可证的有效期。各省城乡规划条例或办法一般都有关于建设用地规划许可证有效期的规定。如《浙江省城乡规划条例》规定，建设单位取得建设用地规划许可证后一年内未取得用地批准文件，可以在期限届满前三十日内向原核发机关申请办理延续手续；申请延续的次数不得超过两次，每次延续的期限不得超过一年；逾期未申请延续或者延续申请未获批准的，相应的建设用地规划许可证失效。

2. 应符合本地关于公告、公示程序的规定

《城乡规划法》仅规定城乡规划报送审批前，组织编制机关应当依法将城乡规划草案予以公告，并未对核发建设用地规划许可证是否需要公告作出规定。各省的城乡规划条例或办法一般也有关于建设用地规划许可证的公告程序的规定。如《浙江省城乡规划条例》第二十八条，规划许可直接涉及申请人与他人之间重大利益关系的，规划许可机关在作出规划许可决定前，应当将许可内容、申请人和利害关系人享有的权利等事项在政府门户网站和建设项目现场等场所进行公告，公告期限不少于十日。如本节案例 2，法院即根据该条认为建设用地规划许可证核发时未予公示属于程序违法。

四、其他参考案例

案例：500 千伏输变电工程未经批准非法占地，后经省政府批准征地视为补救

案号：（2016）最高法行申 1956 号

2005 年，某省人民政府办公厅下发《关于印发 2005 年省重点工程项目的通知》，将王某电厂 500 千伏输变电工程确定为 2005 年该省重点工程，该工程需要占用某村部分土地，李某的承包地也被纳入征收范围之内。2005 年 7 月 7 日，根据该村的申请，市国土资源局召开了拟征地补偿安置听证会，该村部分村民参与了听证会并在听证笔录上签字确认。2005 年 7 月 30 日，村委会和李某签订了《500 千伏王某开闭所征地农户

安置费发放协议》，约定给付李某安置补偿费、青苗补偿费合计 2 万多元，同年李某领取了该笔补偿费。2007 年 9 月 10 日，市国土资源局以供电公司未经批准非法占用该村土地为由对其作出行政处罚。2011 年 7 月 5 日，省人民政府作出《关于新建华北电网 500 千伏开闭站项目建设用的批复》，同意该市征收集体用地 3.2323 公顷（32323 平方米），包括诉争的该村土地。2015 年 6 月 4 日，李某向法院提起本案行政诉讼。

一审法院认为：市政府具有公告征地方案和补偿安置方案的法定职责。李某认为市政府不依法履行主动公开前述两个方案义务，应当先向市政府申请获取该信息，对市政府的答复或者逾期不答复不服的，才可直接向法院提起行政诉讼。裁定驳回李某的起诉。

二审法院认为：供电公司未经批准非法占用村土地的行为违反了《土地管理法》相关规定，但省人民政府事后已作出批复批准了该征地行为，视为对未批先占行为采取了补救措施。在省人民政府批准之前，李某与村委会签订安置补偿协议并领取补偿费等事实表明，其已经知晓供电公司拟征用土地的事实，且批复批准征收的土地也没有超过李某与村委会签订的征地协议约定的范围，故李某要求市政府按照《土地管理法》相关规定履行征地公告和征地补偿安置方案公告职责没有事实根据，其起诉不符合法定条件。裁定驳回上诉、维持一审裁定。

最高人民法院再审认为：本案主要争议焦点在于李某的起诉是否符合法定的起诉条件。从原审查明的事实看，李某领取补偿款的行为，不仅表明其已经知道供电公司征用土地的事实，而且证明其合法权益已得到了保障，故市政府不履行公告征地方案和补偿安置方案的法定职责对李某的合法权益不产生实际影响，因而李某已无要求市政府再履行前述公告职责的必要。裁定驳回李某的再审申请。

第七章 征 地 与 拆 迁

第一节 征地补偿标准异议应经政府裁决，
否则法院不受理

一、参考案例

案例 1：对征地补偿标准有异议，应经过政府裁决再提起行政诉讼

案号：（2016）辽 05 行初 61 号、（2017）辽行终 407 号、（2019）最高法行申 3466 号

原告何某系某村农民。2015 年 7 月，某 220 千伏输变电工程项目开工建设，因该项目建设需要占用何某承包地 1.8 亩（1200 平方米）。征地前，区政府已向何某进行了告知，将该工程占地补偿情况予以公示，并将补偿款拨付至村委会。何某按协商约定领取了青苗补偿款 9000 元，但认为补偿标准过低，尚未领取占地补偿款 29443 元。由于协商未果，何某向法院提起诉讼，请求确认区政府征占土地的行政行为违法，并主张按照《土地管理法》的规定以基本农田的标准对其案涉土地进行补偿。

一审法院认为：何某提出的诉讼请求实质是对 220 千伏输变电工程的征收补偿标准低不服而要求确认区政府的行政征收行为违法。何某不服征地补偿标准，应当先行申请行政机关裁决，对裁决不服的，才能够向法院提起行政诉讼，故对其起诉不予支持。裁定驳回原告何某的起诉。二审裁定驳回上诉。

何某在再审申请中认可了省人民政府作出了关于 220 千伏输变电工程项目建设用地的批复。因何某提起本案诉讼的实质是因对其被征占土地的补偿标准存有异议，最高人民法院驳回再审申请。

案例 2：对征收土地方案有异议直接起诉法院不受理

案号：（2017）最高法行申 1118 号

2012 年 3 月 15 日某市国土资源局作出公告，经对被征地村民组征地补偿登记的复核，拟定了征地补偿安置方案并公示。王某认为该公告实体与程序均违法，侵犯其合法权益，向省人民政府提起行政复议，省人民政府于 2015 年 10 月 21 日以王某的行政复议申请不符合受理条件为由，驳回王某的行政复议申请。王某不服，向法院提起行政诉讼，要求

撤销以该公告形式作出的征地补偿安置方案。

一审法院认为，王某所诉的征地补偿安置方案是市国土资源局拟订的，如果王某对该征地补偿安置方案有异议，可以依据上述规定，向市国土资源局提出。提出后仍有争议的，应经过协调、裁决解决。因此，王某不服该征地补偿安置方案而提起诉讼，不属于法院行政诉讼受案范围。裁定驳回王某的起诉。

二审法院认为，王某对涉案征地补偿安置方案不服，实际上系对征地补偿标准有异议，依法应当通过人民政府协调和裁决的途径解决。裁决驳回上诉，维持原裁定。

最高人民法院再审认为，被征地集体经济组织和农民对有关市、县人民政府批准的征地补偿、安置方案不服要求裁决的，应当依照行政复议法律、法规的规定向上一级地方人民政府提出申请。据此，对市、县人民政府批准的征地补偿、安置方案不服的救济途径，应当先向行政机关申请裁决（复议）。在此类复议前置案件中，由于复议机关的处理决定是人民法院审理相关案件的必要条件，因此，如果复议机关作出不予受理决定，当事人只能就该不予受理决定向人民法院提起诉讼，而不能直接针对原行政行为起诉。裁定驳回再审申请。

二、法律分析

（一）关键法条

1. 《土地管理法实施条例》（2014 年 7 月 29 日修正版）

第二十五条　征收土地方案经依法批准后，由被征收土地所在地的市、县人民政府组织实施，并将批准征地机关、批准文号、征收土地的用途、范围、面积以及征地补偿标准、农业人员安置办法和办理征地补偿的期限等，在被征收土地所在地的乡（镇）、村予以公告。

被征收土地的所有权人、使用权人应当在公告规定的期限内，持土地权属证书到公告指定的人民政府土地行政主管部门办理征地补偿登记。

市、县人民政府土地行政主管部门根据经批准的征收土地方案，会同有关部门拟订征地补偿、安置方案，在被征收土地所在地的乡（镇）、村予以公告，听取被征收土地的农村集体经济组织和农民的意见。征地补偿、安置方案报市、县人民政府批准后，由市、县人民政府土地行政主管部门组织实施。对补偿标准有争议的，由县级以上地方人民政府协调；协调不成的，由批准征收土地的人民政府裁决。征地补偿、安置争议不影响征收土地方案的实施。

征收土地的各项费用应当自征地补偿、安置方案批准之日起 3 个月内全额支付。

2.《最高人民法院关于审理涉及农村集体土地行政案件若干问题的规定》（法释〔2011〕20 号）

第十条　土地权利人对土地管理部门组织实施过程中确定的土地补偿有异议，直接向人民法院提起诉讼的，人民法院不予受理，但应当告知土地权利人先申请行政机关裁决。

3.《国务院法制办公室关于依法做好征地补偿安置争议行政复议工作的通知》（国法〔2011〕35 号）

《中华人民共和国农村土地承包经营纠纷调解仲裁法》第二条第二款规定，"因征收集体所有的土地及其补偿发生的纠纷，不属于农村土地承包仲裁委员会的受理范围，可以通过行政复议或者诉讼等方式解决"。《中华人民共和国行政复议法》第十三条第一款规定，"对地方各级人民政府的具体行政行为不符的，向上一级地方人民政府申请行政复议"；第四十二条规定，"本法施行前公布的法律有关行政复议的规定与本法的规定不一致的，以本法的规定为准"。《中华人民共和国行政复议法实施条例》第十三条规定，"下级行政机关依照法律、法规、规章规定，经上级行政机关批准作出的具体行政行为的，批准机关为被申请人"。依照上述规定，被征地集体经济组织和农民对有关市、县人民政府批准的征地补偿、安置方案不服要求裁决的，应当依照行政复议法律、法规的规定向上一级地方人民政府提出申请。

（二）要点简析

征地补偿的诉讼以政府裁决、复议为前置条件。根据《最高人民法院关于审理涉及农村集体土地行政案件若干问题的规定》第十条规定，土地权利人对土地管理部门组织实施过程中确定的土地补偿有异议，直接向人民法院提起诉讼的，人民法院不予受理，但应当告知土地权利人先申请行政机关裁决。可见征地补偿的诉讼以行政裁决、复议为前置条件，只有经过行政裁决、复议之后才可以提起诉讼。

如本节案例 1，原告对征地补偿标准不服，没有向批准征收土地的人民政府申请裁决，直接向法院提起诉讼，法院有权驳回起诉。在土地征收中，对征地补偿方案有异议时，有两种解决的路径：一是与县级以上人民政府协商；二是先申请裁决，对裁决不服的，申请复议，然后提起诉讼。

三、防范重点

在公布征地补偿安置方案后，如果土地被征收人认为补偿不合理、不合法，应当及时向国土资源局提出要求和听证，及时提出自己的意见。如果经听证，被征收人的意见不被采纳，征收补偿安置方案经市县人民政府批准后实施的，被征收人可以申请市县人民政府协调解决。如果经市县人民政府协调，被征收人的合理要求无法得到支持的，被征收人应当向上一级人民政府申请行政复议，作出裁决。如果上一级人民政府不予受理的，被征收人可以起诉到法院要求上一级人民政府受理；如果上一级人民政府受理后，作出了对被征收人不利的裁决，被征收人可以起诉到法院要求撤销该裁决。如本节案例 2，被征收人虽然向省人民政府申请了行政复议，但省人民政府并没有受理并作出裁决。在此情况下，被征收人应当起诉要求省人民政府受理并作出裁决，而不能直接起诉到法院要求撤销征地补偿安置方案。

供电企业在办理输变电工程前期手续时，应充分了解关于征地补偿安置方案异议的处理程序，以更好地配合政府部门做好征地补偿工作，尽早落实项目建设用地。

第二节　房屋征收应符合法定条件，青苗等补偿应协商一致

一、参考案例

案例 1：非因旧城区改建征收个人住宅，不符合就地提供安置房屋的条件

案号：（2017）最高法行申 7851 号

2012年8月18日，某区政府公告《某220千伏输变电及生产附属设施（电力科技馆）项目房屋征收补偿方案》。张某在征收范围内承租直管公房1间。由于在规定的签约期限内未能达成补偿协议，区征收办公室向区政府提出申请，区政府于2015年4月15日作出征收补偿决定，并送达张某。张某不服，诉至法院，要求就地安置。法院于同年7月21日作出行政判决，以"向张某送达评估报告的程序违法，致使其无法行使相关权利，区政府依据该评估报告作出的征补决定证据不足"为由，判决撤销前述征收补偿决定。同年11月18日，区政府向张某送达《住宅房屋征收评估结果报告》，张某未对评估确定的房屋价值提出异议。2016年4月11日，区征收办工作人员与张某的委托代理人针对涉诉房屋的征收补偿方式问题进行磋商，双方未能达成一致意见。同年4月18日，区征收办向区政府提出申请，区政府于同年5月24日作出本案被诉《补偿决定书》，并送达张某。张某仍不服，提起本案诉讼。

一审法院认为，区政府具有作出被诉《补偿决定书》的法定职权。区政府在与原告代理人的谈话中明确告知被征收人有选择补偿方式的权利及放弃选择权的相应法律后果。涉案项目并非因旧城区改建征收个人住宅，不符合就地提供安置房屋的条件。驳回张某的诉讼请求。

二审法院以与一审法院基本相同的理由驳回上诉，维持一审判决。

最高人民法院再审认为，张某作为直管公房承租人，在征收补偿方案确定的签约期限内，与房屋征收部门未达成协议，区政府经区征收办公室报请后，以具有合法资质的评估机构出具的评估报告为依据作出被诉《补偿决定书》，符合《征补条例》的规定。裁定驳回再审申请人张某的再审申请。

案例2：领取补偿安置款后未腾空房屋，经告知后可以拆除

案号：（2015）安行初字第00069号

2014年4月21日，某1000千伏交流特高压输变电工程经国家发展和改革委员会核准。原告吴某所有的房屋位于工程建设项目范围内。2014年9月29日，原告与输变电工程建设指挥部办公室以及被告某拆除公司签订了房屋征收补偿协议书。拆除补偿款已拨付到位。2015年2月5日，吴某在房屋腾空交钥匙验收单上签字。2015年4月7日，输变电工程建设指挥部办公室书面通知原告将房屋内的物品和有价证券全部搬清。

2015 年 4 月 11 日，拆除公司对案涉房屋予以拆除，并将房屋内的物品予以搬出，对现场拆除情况摄像记录。原告诉至法院要求确认被告强制拆除其房屋的行政行为违法。

法院认为，原告吴某与输变电工程建设指挥部办公室签订拆迁补偿安置协议后，腾空交付了案涉房屋，并领取了补偿安置款，原告对案涉房屋已丧失了所有权。拆除公司对案涉房屋的拆除行为是履行协议的行为，不是对原告直接实施行政职权、行政管理而产生行政法律效果的行为，亦不属行政强制拆迁行为，并未实际侵害原告的合法权益。原告称被告强制拆除其房屋的行政行为违法，并无法律依据。判决驳回原告吴某的诉讼请求。

案例 3：输电铁塔施工范围内的绿化苗木未谈妥补偿方案强行施工，承担部分的责任

案号：（2018）粤 20 民终 6536 号

2015 年 3 月 31 日，某公司与某供电局签订建设工程施工合同，承建某电厂冷热电联产项目接入系统工程（第三标段）。2015 年 9 月 29 日，该工程取得建设工程规划许可证批复书。2015 年 10 月 28 日，工程开工。2016 年 3 月 10 日，邓某与某公司就输电塔施工范围绿化苗木的品种、规格、数量进行了确认。供电局委托第三方有资质的评估公司对涉及邓某花木场的花木迁移事宜进行评估。邓某不同意补偿方案。2016 年 8 月 10 日，某公司开始施工，并将邓某存放在塔基永久占地部分的苗木搬走。邓某为阻止施工，将钩机停放在施工现场。2017 年 9 月 6 日，邓某就施工毁损的绿化苗木价值、修山路建设费用、建温室棚费用向法院提出造价评估申请。评估施工损毁的绿化苗木、修山路费用、建设温室棚合计 634400 元。邓某为此支付鉴定费 7000 元。供电局称已按照资产评估报告的结论将 26100 元补偿费用转账至开发区管委会，但邓某拒绝接受。邓某称其不同意上述评估结果，拒绝受领该款项，于 2017 年 4 月 7 日诉至法院，主张前述实体权利。

一审法院认为，供电局系涉案工程的发包方，某公司系承包方，虽然在施工之前供电局和某公司已经多次同邓某就补偿事宜进行协商，但是在未妥善处置施工占地上的苗木前，某公司仍然进行施工，并造成了邓某的苗木损失，因此供电局、某公司的施工行为已对邓某的苗木构成

侵权。某公司自 2015 年开始施工，而且邓某亦知晓某公司施工的事实，随后在 2016 年 3 月至 8 月期间，供电局、某公司、经联社等多次与邓某就苗木补偿事宜进行协商，并通知邓某迁移在施工现场的苗木。但是直至 2016 年 10 月 8 日，在长达 10 个月的时间里，邓某仍未将施工现场的苗木移走。而且从评估报告结果可知，涉案苗木中有一部分是盆栽和袋苗，明显可以搬走，而且搬走也不必然会影响其存活；至于地栽部分的苗木，邓某自称其从事花木养殖数十年，如果在知晓施工事实的当时当即移走并予以妥善养护，该部分苗木亦可以大大减少毁损率，因此邓某就其主张的苗木损失存在不可推卸的责任。因此，综合双方的过错程度，判令供电局和某公司连带向邓某赔付苗木损失款 132366 元。二审维持原判。

二、法律分析

（一）关键法条

《国有土地上房屋征收与补偿条例》（国务院令第 590 号，2011 年 1 月 21 日起施行）

第四条 市、县级人民政府负责本行政区域的房屋征收与补偿工作。市、县级人民政府确定的房屋征收部门（以下称房屋征收部门）组织实施本行政区域的房屋征收与补偿工作。市、县级人民政府有关部门应当依照本条例的规定和本级人民政府规定的职责分工，互相配合，保障房屋征收与补偿工作的顺利进行。

第五条 房屋征收部门可以委托房屋征收实施单位，承担房屋征收与补偿的具体工作。房屋征收实施单位不得以营利为目的。房屋征收部门对房屋征收实施单位在委托范围内实施的房屋征收与补偿行为负责监督，并对其行为后果承担法律责任。

第十七条 作出房屋征收决定的市、县级人民政府对被征收人给予的补偿包括：（一）被征收房屋价值的补偿；（二）因征收房屋造成的搬迁、临时安置的补偿；（三）因征收房屋造成的停产停业损失的补偿。市、县级人民政府应当制定补助和奖励办法，对被征收人给予补助和奖励。

第十九条 对被征收房屋价值的补偿，不得低于房屋征收决定公告之日被征收房屋类似房地产的市场价格。被征收房屋的价值，由具有相应资质的房地产价格评估机构按照房屋征收评估办法评估确定。对评估确定的被征收房屋价值有异议的，可以向房地产价格评估机构申请复核评估。对复核结果有异议的，可以向房地产价格评估专家委员会申请鉴定。房屋征收评估办法由国务院住房城乡建设主管部门制定，制定过程中，应当向社会公开征求意见。

第二十一条　被征收人可以选择货币补偿，也可以选择房屋产权调换。被征收人选择房屋产权调换的，市、县级人民政府应当提供用于产权调换的房屋，并与被征收人计算、结清被征收房屋价值与用于产权调换房屋价值的差价。因旧城区改建征收个人住宅，被征收人选择在改建地段进行房屋产权调换的，作出房屋征收决定的市、县级人民政府应当提供改建地段或者就近地段的房屋。

第二十六条　房屋征收部门与被征收人在征收补偿方案确定的签约期限内达不成补偿协议，或者被征收房屋所有权人不明确的，由房屋征收部门报请作出房屋征收决定的市、县级人民政府依照本条例的规定，按照征收补偿方案作出补偿决定，并在房屋征收范围内予以公告。补偿决定应当公平，包括本条例第二十五条第一款规定的有关补偿协议的事项。被征收人对补偿决定不服的，可以依法申请行政复议，也可以依法提起行政诉讼。

第二十七条　实施房屋征收应当先补偿、后搬迁。作出房屋征收决定的市、县级人民政府对被征收人给予补偿后，被征收人应当在补偿协议约定或者补偿决定确定的搬迁期限内完成搬迁。任何单位和个人不得采取暴力、威胁或者违反规定中断供水、供热、供气、供电和道路通行等非法方式迫使被征收人搬迁。禁止建设单位参与搬迁活动。

第二十八条　被征收人在法定期限内不申请行政复议或者不提起行政诉讼，在补偿决定规定的期限内又不搬迁的，由作出房屋征收决定的市、县级人民政府依法申请人民法院强制执行。强制执行申请书应当附具补偿金额和专户存储账号、产权调换房屋和周转用房的地点和面积等材料。

（二）要点简析

1. 房屋征收与征地补偿不同，不以政府裁决为诉讼的前置条件

如本章第一节所述，根据《最高人民法院关于审理涉及农村集体土

地行政案件若干问题的规定》第十条规定，土地权利人对土地管理部门组织实施过程中确定的土地补偿有异议，直接向人民法院提起诉讼的，人民法院不予受理，即征地补偿裁决属于行政复议前置，只有经过行政复议之后才可以提起诉讼。

但是房屋征收与征地补偿不同，不以政府裁决为诉讼的前置条件。根据《国有土地上房屋征收与补偿条例》第二十六条，房屋征收应由房屋征收部门报请作出房屋征收决定的市、县级人民政府依照本条例的规定，按照征收补偿方案作出补偿决定，并在房屋征收范围内予以公告。补偿决定应当公平。被征收人对补偿决定不服的，可以依法申请行政复议，也可以依法提起行政诉讼。

2. 就地安置应符合特定的条件

征用城市房屋时，房屋所有人往往希望就地安置。根据《国有土地上房屋征收与补偿条例》第二十一条，被征收人可以选择货币补偿，也可以选择房屋产权调换。因旧城区改建征收个人住宅，被征收人选择在改建地段进行房屋产权调换的，作出房屋征收决定的市、县级人民政府应当提供改建地段或者就近地段的房屋。即旧城区改建征收个人住宅的被征收人有权利选择就地或就近安置。如本节案例1，原告承租的直管公房位于寸土寸金之地，希望就地安置。法院认为涉案项目并非因旧城区改建征收个人住宅，不符合就地提供安置房屋的条件，因此未支持原告的诉讼请求。

3. 未达成补偿协议强行施工构成侵权

根据《国有土地上房屋征收与补偿条例》第十七条，房屋征收补偿包括被征收房屋价值的补偿、因征收房屋造成的搬迁、临时安置的补偿、因征收房屋造成的停产停业损失的补偿。如本节案例3，虽然在施工之前供电局、公司已经多次同邓某就补偿事宜进行协商，但是在未妥善处置施工占地上的苗木前，公司仍然进行施工，并造成了邓某的苗木损失，因此供电局、公司的施工行为已对邓某的苗木构成侵权，应当承担相应的赔偿责任。

三、防范重点

1. 不得以停电等方式迫使被征收人搬迁

根据《国有土地上房屋征收与补偿条例》第二十七条，实施房屋征收应当先补偿、后搬迁。任何单位和个人不得采取暴力、威胁或者违反规定中断供水、供热、供气、供电和道路通行等非法方式迫使被征收人搬迁。禁止建设单位参与搬迁活动。

供电企业不仅在作为业主的输变电工程项目建设过程中应注意不能以停电的方式迫使被征收人搬迁，在配合政府部门在其他拆迁活动中，也应注意程序到位，避免卷入纠纷。关于配合政府停电的规范操作，详见本系列丛书《县级供电企业常见法律纠纷案例评析（营销、农电）类》之"供电所配合政府停电的规范操作"专题。

2. 房屋拆迁补偿后被征收人不搬迁的，可以申请强制执行

根据《国有土地上房屋征收与补偿条例》第二十七、第二十八条，作出房屋征收决定的市、县级人民政府对被征收人给予补偿后，被征收人应当在补偿协议约定或者补偿决定确定的搬迁期限内完成搬迁。被征收人在法定期限内不申请行政复议或者不提起行政诉讼，在补偿决定规定的期限内又不搬迁的，由作出房屋征收决定的市、县级人民政府依法申请人民法院强制执行。强制执行申请书应当附具补偿金额和专户存储账号、产权调换房屋和周转用房的地点和面积等材料。

四、其他参考案例

案例：拍卖土地上有高压线不能迁移，不是净地被判合同解除

案号：（2017）最高法民再 191 号

2013 年 12 月 27 日，钟某以 2010 万元价格中标竞得一块位于某市东方大道北侧，面积为 1880.23 平方米的国有建设用地使用权。2014 年 1 月 8 日，钟某与市国土资源局签订《国有建设用地使用权出让合同》。2014 年 9 月 26 日，钟某与国土资源局等签订了《拍卖出让国有建设用地使用权地块资产移交协议》。由于该地上空 10 米左右有一组 35 千伏的高压线，导致钟某无法施工，钟某为此多次向市政府、国土资源局交涉，要求解决高压线的问题，市政府、国土资源局也多次与规划、电力等部门进行协调，研究处理方案，但至本案诉讼时高压线问题仍未得到解决。

2015 年 5 月 12 日，钟某向国土资源局发出《解除合同通知书》，要求解除双方签订的《国有建设用地使用权出让合同》，由国土资源局返还已支付的土地价款并双倍返还定金及赔偿损失。

一审法院认为，涉案地块上空存在高压电线，电力部门明确告知该

地块上空电力架空线路未撤除前，电力设施保护区内不得进行任何建设施工。国土资源局提供具备动工开发条件的土地是出让公告中所确定净地出让的义务，也是土地出让的基本要求，同时也是双方履行《国有建设用地使用权出让合同》的前提条件和保证。因高压线的存在，致使钟某对涉案土地无法进行动工开发，应认定国土资源局交付的土地不符合净地的标准。国土资源局作为收取定金的一方不履行约定的债务，应当双倍返还定金。判决确认钟某与国土资源局签订的《国有建设用地使用权出让合同》解除；返还钟某土地出让金 1402 万元，并双倍返还定金300 万元。

二审法院判决驳回上诉，维持原判。

最高人民法院再审认为，对于涉案土地存在高压线的事实，拍卖出让文件《建设用地出让规划条件》中已经明确，对于高压线的处理，该规划条件亦明确注明地块的高压走廊问题须"按照电力部门要求留出足够间距，并得到电力部门的认可"。即钟某竞拍土地时已经得知该地块存在高压走廊和使用时的规划限制条件，其对此未提出异议，且在《拍卖出让国有建设用地使用权地块资产移交协议》中亦确认现状资产移交。据此，国土资源局不存在欺诈、隐瞒土地现状的情形。满足开发建设、不存在权利障碍是净地所具备的基本条件。因此钟某关于国土资源局提供的土地上所建建筑物不能达到合同约定的建筑面积、构成违约的主张有事实依据与法律依据，但要求双倍返还定金没有合同依据。改判市国土资源局与钟某签订的《国有建设用地使用权出让合同》于 2015 年 5 月15 日解除；国土资源局向钟某返还土地出让金 1402 万元并支付利息。

第三节　输电走廊可以不征地，仅作一次性补偿

一、参考案例

案例 1：输电线路塔基可以不征地

案号：（2018）苏 06 民终 3238 号

2015 年 10 月 23 日，某省发展改革委核准同意建设 220 千伏某输

变电工程等电网项目。2016 年 8 月 23 日，供电公司与某公司签订输变电工程施工合同。2016 年 10 月 20 日，县供电公司委托县人民政府负责该线路工程沿线的政策处理工作并签订协议。涉及曹某、张某的青苗补偿等费用，已经发放至曹某的银行卡上。但曹某、张某认为，在其承包地上建设塔基的行为不合法，故对该笔款项未领取。2017 年 12 月 30 日，案涉工程经竣工验收合格已经投运。原告不服，诉至法院。

一审法院认为，根据该省相关条例及文件规定，供电公司在曹某、张某承包地上建设塔基不实行征地，自然也就不存在与曹某、张某签订征地补偿协议的问题。虽然塔基不征地，但相关补偿参照征地补偿标准作一次性经济补偿。案涉工程取得项目核准批文手续及批准的规划红线，塔基经设计变更后仍在红线范围内，且案涉工程已发包给有资质的施工单位，故供电公司的建设行为合法有据。且案涉工程系关乎国计民生的基础设施建设工程，耗资巨大且已投运，曹某、张某要求供电公司、省电力公司拆除案涉塔基并将土地恢复原状的诉讼请求无事实和法律依据，法院不予支持。判决驳回曹某、张某的诉讼请求。二审维持原判。

案例 2：铁塔征地支付一次性占地补偿具备合法性

案号：（2019）冀 06 民终 483 号

原告在某村有承包田。1995 年被告供电公司架设电线杆并拉高压线，其中某线杆占用了原告部分承包田，该线杆架设在原告承包田中间部位，拉线跨越整个承包田，对承包田的耕种造成影响。线杆及拉线架设后由被告使用，用于高铁供电。原告认为该电线杆及高压线的架设影响了原告对土地的耕种，导致该承包田部分土地被撂荒，要求被告应赔偿原告损失。

被告于 1997 年 12 月及 1998 年 1 月向被告所在村支付了青苗补偿费、铁塔征地和树木砍伐费用，该费用不但包括电力铁塔，还包括了铁塔之间线杆的占地补偿，其中含有涉案线杆的补偿。原告当庭表示并未收到任何补偿。

经原告申请，法院委托了某资产评估有限公司对电线杆架设导致原告承包田闲置造成的损失进行价值评估（评估土地面积为 1666 平方米，期限为 1998 年初至 2017 年底），资产评估有限公司出具报告，确认损失为 2.4 万元。

一审法院认为，本案中被告为某 110 千伏二回输电线路的建设，依法征用了包括该村在内的多个村庄的土地用于铁塔建设用地。在实际建设过程中，在铁塔之间架设线杆，其中涉案线杆确实占用了原告部分承包地，对此被告已于 1997 年、1998 年向原告所在村村委会一次性支付了占地补偿，在支付的补偿中，不但有铁塔占地补偿，还包括了线杆占地补偿。被告线杆占地当时确未进行征地程序，但已对此支付了一次性占地补偿，该行为符合现行的该省电力条例及《某市输变电工程建设征地拆迁补偿标准》的规定，已具备合法性。判决驳回原告赵某的诉讼请求。

二审驳回上诉，维持原判。

二、法律分析

（一）关键法条❶

1.《黑龙江省电力设施建设与保护条例》（2009 年 6 月 1 日起施行）

第十三条　电力设施用地中属于永久性用地且符合国家《划拨用地目录》的，依法划拨取得。属于临时用地的，依法办理临时用地审批手续，土地权属不变。架空输电线路走廊和地下电力电缆通道建设不实行征地。

2.《河北省电力条例》（2014 年 8 月 1 日起施行）

第九条　架空电力线路走廊和电力电缆通道不改变其范围内土地的权属和使用性质，电力建设单位应当参照当地征地补偿标准对杆塔基础用地的土地使用权人、土地所有权人给予一次性经济补偿。电力建设项目需要征收土地的，应当按照有关法律、法规的规定办理。

3.《江苏省电力保护条例》（2008 年 5 月 1 日起施行）

第六条　架空电力线路走廊（包括杆、塔基础）和地下电缆通道建设不实行征地，电力建设单位应当对杆、塔基础用地的土地承包经营权人或者建设用地使用权人给予一次性经济补偿。

---

❶　全国共有十余个省份规定架空输电线路走廊和地下电力电缆通道建设不实行征地，本书不一一列举。

4.《浙江省电网设施建设保护和供用电秩序维护条例》（自2014年7月1日起实施）

第八条 电网设施建设项目涉及土地（含林地，下同）、房屋征收的，依照土地、房屋征收有关法律、法规的规定，由设区的市、县（市、区）人民政府组织实施并给予征收补偿。

对不需要办理土地征收手续的架空电力线路的杆（塔）基础、拉线基础用地，电网设施建设单位应当给予土地承包经营权人、集体土地所有权人或者建设用地使用权人等权利人相应补偿；补偿时，应当告知权利人有遵守本条例第二十条第一项和第二项规定的义务。

（二）要点简析

1. 输电线路走廊不实行征地

"输电线路走廊不实行征地"已由全国人大法工委的复函予以确认。2011年6月3日，全国人大法工委在对黑龙江省人大法工委的《关于地方性法规中规定架空输电线路走廊不实行征地是否违法请示的答复意见》（法工办发〔2011〕128号）中明确"地方性法规根据土地管理法、森林法等相关法律规定，可以规定架空输电线路走廊不实行征地；对因保护架空输电线路走廊，给有关当事人合法权益造成损失的，应当依法给予补偿"。在实际工作中，有十余个省（自治区、直辖市）通过地方立法或发布地方政府规章的方式，规定电力线路走廊不实行征地。

在实践中，电力线路走廊及地下电缆通道大多未办理征地手续，不会导致土地权利人完全无法使用土地，予以补偿可平衡各方利益。架空线路不影响线下及走廊范围内耕种、人员通行等正常生产生活，仅有杆塔塔基存在占用土地资源的实际，塔基占地存在零星（面积小）、线性（线路长）的特点。明确线路走廊不征地对土地性质、归属均不产生调整与影响，有利于清晰一次性补偿、缓解土地资源紧张、化解补偿矛盾，以及线路拆改、停用后土地归属权益；同时强调线路走廊不征地，可以规范统一目前各省对输电线路杆塔塔基占地、征地标准不一的现状。

2."施工在前，补偿在后"并不违法

本节案例1中，原告还提出了输变电工程征地补偿等费用"施工在前，补偿在后"的问题。一审法院认为，电力线路在施工时对线路沿线的青苗、树木等补偿费用以及对沟渠、路面等相关设施造成损失修复的费用均要待施工结束后才能最终确定，故不可能在施工前就一次性补偿到位，所以"施工在前，补偿在后"并不违法。

3. 补偿款已汇到被补偿人账户但未领取视为补偿到位

本节案例 1 中，关于征地补偿款是否已经到位，法院认为应当根据供电公司、省电力公司实际资金到位情况分析。案涉工程中的征地补偿费用由地方人民政府包干使用，供电公司、省电力公司已经将款项汇至县人民政府账户，然后由人民政府委托所在村民委员会发放。现有证据证明供电公司、省电力公司已经将款项汇至县人民政府账户，供电公司、省电力公司已经履行了其支付补偿款的义务，曹某、张某因与施工单位发生争执而未主动领取补偿款，由所在村民委员会汇至其银行卡上，供电公司、省电力公司已经履行其支付补偿款义务，故法院确认供电公司、省电力公司的补偿款已经到位。

4. 未超出规划红线的线路走向变更仍属合法

本节案例 1 中，供电公司在施工过程中经过实地勘查，认为原有线路存在瑕疵而要求变更塔基位置，经原设计单位变更设计后线路进行了调整，调整的桩基并未超出原有红线范围则应当视为仅属施工变更而不是线路整体方位的变更，不需要另行报批变更红线图，现有证据不能证明变更塔基站点已经超出了原有红线范围，则应当确认其变更具有合法性，曹某、张某认为变更塔基站点违法的理由不能成立。

三、防范重点

输变电工程政策处理由政府负责。输变电工程建设根据电网建设规划及投资计划按项目、分区域、分阶段完成，具有征地面积较小，占地布点连线呈网状零散分布的特点。电网建设项目的征地拆迁补偿安置工作，按照属地管理原则，应由沿线各市、县（市、区）政府组织实施。具体执行过程中，一般采用电网工程建设所需土地补偿费、安置补助费、拆迁补助费、青苗补助费、地上附着物补偿费等，由沿线各市、县（市、区）政府包干使用的方法。

第四节　电网项目具有公共利益性质，可依法征收土地和房屋

一、参考案例

案例 1：110 千伏输变电工程对涉案房屋的征收目的具有公益性质

案号：（2014）湘高法行终字第 87 号

2011 年 11 月 2 日，为满足某市经济发展对电力增长的需求，加强电网结构，增加变电容量，提高供电能力，该省发展和改革委员会作出《关于某 110 千伏输变电工程项目核准的批复》，同意建设 110 千伏输变电工程项目。2013 年 10 月 21 日，被告某市人民政府发布了《关于 110 千伏输变电工程项目房屋征收决定公告》。原告吴某所有的位于房屋位于征收范围内。原告不服该征收决定，诉至法院。

关于原告吴某提出被告作出的房屋征收决定不符合"为公共利益的需要"，一审法院认为，本案中《房屋征收决定公告》所涉及的征收目的为缓解该区核心地区用电紧张的局面，满足当地两厢旧城改造的用电需求，用途为公共设施用地，征收的目的具有公益性质。被告作为该项目所在地的一级人民政府，有严格遵守立项、审批及有关决议，履行该项目行政征收工作的义务，按照《国有土地上房屋征收与补偿条例》规定的程序全面完成好行政征收。被告依据《国有土地上房屋征收与补偿条例》和市人民政府规定作出的行政征收决定，适用法律正确。二审维持原判。

案例 2：城市输变电工程属于基础设施建设项目，具备公益性质

案号：（2016）京 04 行初 2607 号

2014 年 12 月 19 日，某电力公司向某征收办提交关于对 110 千伏输变电工程项目规划范围内地上房屋征收的申请及关于 110 千伏输变电工程项目核准的批复、建设项目选址意见书附件、建设项目用地预审意见、110 千伏输变电工程建设项目环境影响报告表的批复等文件。2016 年 4 月 9 日，被告某区人民政府作出涉案 110 千伏输变电工程房屋征收决定及 110 千伏输变电工程房屋征收补偿方案，并在征收范围内公告。原告的房屋位在被诉征收决定范围内。原告安某认为该征收决定违法，向市政

府申请行政复议。2016 年 8 月 10 日，市政府作出被诉复议决定，并送达原告。原告仍不服，诉请法院撤销该决定。

法院认为：该 110 千伏输变电工程项目属于政府组织实施的城市基础设施建设工程项目，建设单位提交了房屋征收申请及项目批准文件、规划意见、用地预审意见等实施征收的前置审批文件。本案项目具备公益性质，符合征收要件，可以实施房屋行政征收。被告作出被诉征收决定后在征收范围内予以公告，载明了征收范围、实施单位、征收补偿方案、签约期限和行政复议、行政诉讼权利等事项。原告请求撤销被诉征收决定及被诉复议决定的诉讼请求没有事实根据和法律依据。判决驳回原告安某的诉讼请求。

案例 3：已投运输电线路的安全运行涉及社会的公共利益

案号：（2017）鄂 2826 民初 1222 号、（2018）鄂 28 民终 844 号

2008 年 6 月 30 日原告某采石场取得了采矿许可证，2011 年 5 月 18 日办理了个体工商户营业执照，之后一直在其矿区范围内从事采矿经营活动。被告某供电公司建设的某 220 千伏输电线路工程，于 2008 年 11 月通过评审，2009 年 7 月经省发展改革委核准同意并开始建造，2010 年 6 月正式投入运营。2017 年 4 月，原告向当地安监局申请恢复生产未获同意，同年 5 月向当地经信局申请在矿区内开展爆破也未获批准。原告认为由于该项目的运营导致其正常经营受阻。2017 年 7 月，原告提起诉讼，请求法院判令被告将其营运的 220 千伏输电线路及其铁塔迁移至原告矿区 500 米以外。

一审法院认为：涉案输变电工程作为国家重大工程项目，项目投资巨大并已投入运营多年，不仅涉及被告的经济利益，更涉及社会的公共利益，原告以无法得到相关行政主管部门批准复工及不予批准爆破作业为由，要求被告迁移相关线路，无足够证据证实，法院不予支持。二审法院驳回原告上诉，维持原判。

二、法律分析

（一）关键法条

1.《土地管理法》

第四十五条 为了公共利益的需要，有下列情形之一，确需征收农

民集体所有的土地的，可以依法实施征收：

（一）军事和外交需要用地的；

（二）由政府组织实施的能源、交通、水利、通信、邮政等基础设施建设需要用地的；

（三）由政府组织实施的科技、教育、文化、卫生、体育、生态环境和资源保护、防灾减灾、文物保护、社区综合服务、社会福利、市政公用、优抚安置、英烈保护等公共事业需要用地的；

（四）由政府组织实施的扶贫搬迁、保障性安居工程建设需要用地的；

（五）在土地利用总体规划确定的城镇建设用地范围内，经省级以上人民政府批准由县级以上地方人民政府组织实施的成片开发建设需要用地的；

（六）法律规定为公共利益需要可以征收农民集体所有的土地的其他情形。

前款规定的建设活动，应当符合国民经济和社会发展规划、土地利用总体规划、城乡规划和专项规划；第（四）项、第（五）项规定的建设活动，还应当纳入国民经济和社会发展年度计划；第（五）项规定的成片开发并应当符合国务院自然资源主管部门规定的标准。

第四十八条　征收土地应当给予公平、合理的补偿，保障被征地农民原有生活水平不降低、长远生计有保障。

征收土地应当依法及时足额支付土地补偿费、安置补助费以及农村村民住宅、其他地上附着物和青苗等的补偿费用，并安排被征地农民的社会保障费用。

征收农用地的土地补偿费、安置补助费标准由省、自治区、直辖市通过制定公布区片综合地价确定。制定区片综合地价应当综合考虑土地原用途、土地资源条件、土地产值、土地区位、土地供求关系、人口以及经济社会发展水平等因素，并至少每三年调整或者重新公布一次。

征收农用地以外的其他土地、地上附着物和青苗等的补偿标准，由省、自治区、直辖市制定。对其中的农村村民住宅，应当按照先补偿后搬迁、居住条件有改善的原则，尊重农村村民意愿，采取重新安排宅基地建房、提供安置房或者货币补偿等方式给予公平、合理的补偿，并对因征收造成的搬迁、临时安置等费用予以补偿，保障农村村民居住的权利和合法的住房财产权益。

县级以上地方人民政府应当将被征地农民纳入相应的养老等社会保障体系。被征地农民的社会保障费用主要用于符合条件的被征地农民的养老保险等社会保险缴费补贴。被征地农民社会保障费用的筹集、管理和使用办法，由省、自治区、直辖市制定。

第五十八条 有下列情形之一的，由有关人民政府自然资源主管部门报经原批准用地的人民政府或者有批准权的人民政府批准，可以收回国有土地使用权：

（一）为实施城市规划进行旧城区改建以及其他公共利益需要，确需使用土地的；

（二）土地出让等有偿使用合同约定的使用期限届满，土地使用者未申请续期或者申请续期未获批准的；

（三）因单位撤销、迁移等原因，停止使用原划拨的国有土地的；

（四）公路、铁路、机场、矿场等经核准报废的。

依照前款第（一）项的规定收回国有土地使用权的，对土地使用权人应当给予适当补偿。

2.《国有土地上房屋征收与补偿条例》

第八条 为了保障国家安全、促进国民经济和社会发展等公共利益的需要，有下列情形之一，确需征收房屋的，由市、县级人民政府作出房屋征收决定：

（一）国防和外交的需要；

（二）由政府组织实施的能源、交通、水利等基础设施建设的需要；

（三）由政府组织实施的科技、教育、文化、卫生、体育、环境和资源保护、防灾减灾、文物保护、社会福利、市政公用等公共事业的需要；

（四）由政府组织实施的保障性安居工程建设的需要；

（五）由政府依照城乡规划法有关规定组织实施的对危房集中、基础设施落后等地段进行旧城区改建的需要；

（六）法律、行政法规规定的其他公共利益的需要。

第九条 依照本条例第八条规定，确需征收房屋的各项建设活动，应当符合国民经济和社会发展规划、土地利用总体规划、城乡规划和专项规划。保障性安居工程建设、旧城区改建,应当纳入市、县级国民经济和社会发展年度计划。

制定国民经济和社会发展规划、土地利用总体规划、城乡规划和专项规划,应当广泛征求社会公众意见,经过科学论证。

(二)要点简析

输变电工程项目具有公益性质,可以依法征收土地与房屋。输变电工程项目属于由政府组织实施的能源基础设施建设项目,其目的是优化电网结构,提高供电可靠性和安全性,满足某一地区的用电需要。从本节案例可知,输变电工程项目的公益性质已得到了法院的广泛认可。输变电工程项目征收土地或房屋的依据主要有:

农村集体土地可以依法征收。根据《土地管理法》第四十五条,由政府组织实施的能源、交通、水利、通信、邮政等基础设施建设需要用地属于"为了公共利益的需要",确需征收农民集体所有的土地的,可以依法实施征收。

国有土地可以依法收回。根据《土地管理法》第五十八条,为实施城市规划进行旧城区改建以及其他公共利益需要,确需使用土地的,由有关人民政府自然资源主管部门报经原批准用地的人民政府或者有批准权的人民政府批准,可以收回国有土地使用权。

房屋可以依法征收。据《国有土地上房屋征收与补偿条例》第八条第(二)项规定,由政府组织实施的能源、交通、水利等基础设施建设的需要,可以进行房屋征收。

三、防范重点

为公共利益确需征收土地和房屋的,应由政府负责征收。根据《土地管理法》第四十七条,国家征收土地的,依照法定程序批准后,由县级以上地方人民政府予以公告并组织实施。《国有土地上房屋征收与补偿条例》第四条、第八条规定,市、县级人民政府负责本行政区域的房屋征收与补偿工作;为了保障国家安全、促进国民经济和社会发展等公共利益的需要确需征收房屋的,由市、县级人民政府作出房屋征收决定。

可见,当输变电工程确需征收房屋的,应向建设项目所在地人民政府提出征收申请，并提交项目批准文件、规划意见、土地预审意见等文件。相应的属地人民政府有严格遵守立项、审批及有关决议，按照规定的程序全面完成行政征收工作的义务。

第五节 政府征地程序违法，因项目涉及公益不必撤销

一、参考案例

案例 1：土地征收行为违法但恢复原状会造成公共利益受损，因此不必返还

案号：（2016）闽 03 行赔初 49 号、（2017）闽行赔终 51 号、（2017）最高法行申 9097 号

2015 年 11 月 11 日，某市人民政府发布某输变电工程征收土地公告。同日，市国土资源局发布征地补偿安置方案公告并在某村村部张贴。该村村委会不服，于 2016 年 8 月 22 日提起诉讼，要求恢复原状。

一审法院认为，在关联的行政征收案中，已经确认市人民政府、市国土资源局实施的土地征收行为违法，但基于案件实际情况，恢复土地原状会造成公共利益受损，故该案恢复土地原状并返还土地已无实现可能。判决驳回某村村委会的诉讼请求。二审维持原判。再审申请被驳回。

案例 2：政府征收行为违法，如何补救应由政府决定，不宜由法院直接作出判断

案号：（2017）最高法行申 5906 号

2013 年 2 月 21 日，某区人民政府就某街道办事处第 18 号片区二期土地征收征用的相关事宜作出征地公告，征地范围包含李某等人拥有使用权的国有土地。李某等人向法院提起诉讼，称享有使用权的土地系国有土地，区人民政府的征收行为于法无据，征地公告明显违法，请求撤销。

一审法院认为，区政府未经市、县级人民政府作出对原告房屋的征收决定，以及未履行对房屋征收决定的公告程序，直接与集体土地的征收一并作出征地公告，违反法定程序，征地公告中载明的征地范围具体涉及权属人为李某等人的国有土地的部分应予撤销。但考虑到该国有土地在城中村改造的范围之内，现该片区改造项目涉及的拆迁户已大部分

签订拆迁协议，若撤销上述征地公告的内容将会给国家利益或者公共利益造成重大损失。依据《执行行政诉讼法的若干解释》第五十八条，判决确认区人民政府作出的征地公告中载明征地范围具体涉及权属人为李某国有土地的部分违法。

二审法院认为，区人民政府以征地公告的方式将上诉人李某等三人的国有土地使用权予以"征收"，并无相应的法律依据，显属违法的行政行为。区人民政府发布的征地公告的行政行为本应予以撤销，但因该征地公告所涉18号片区（二期）城中村改造的大部分被征收人或被拆迁人已经签定了协议，撤销征地公告的行政行为将会对社会公共利益造成重大损害，故一审法院依据判决确认征地公告中载明征地范围具体涉及李某等人的国有土地使用权的部分违法。一审判决作出时，修改后的《中华人民共和国行政诉讼法》已开始实施，一审法院仍适用《执行行政诉讼法的若干解释》第五十八条作出确认违法判决，系适用法律不当，予以纠正。但一审判决作出确认判决的结果正确，应予以维持。现李某等人所涉国有土地上的房屋已被拆除，但李某等人所涉国有土地使用权如何处置，应由区人民政府进一步采取补救措施。李某等人提出应责令区人民政府采取补救措施的上诉理由成立。维持一审判决，并责令区人民政府对李某等3人的国有土地使用权事宜采取补救措施。

最高人民法院再审认为，一审、二审在确认区人民政府的行为部分违法的前提下，基于多数已经签定了协议的被征收人或被拆迁人的公共利益考量，未予以撤销，符合相关法律规定。裁定驳回再审申请。

二、法律分析

（一）关键法条

1.《行政诉讼法》

第七十四条 行政行为有下列情形之一的，人民法院判决确认违法，但不撤销行政行为：

（一）行政行为依法应当撤销，但撤销会给国家利益、社会公共利益造成重大损害的；

（二）行政行为程序轻微违法，但对原告权利不产生实际影响的。

行政行为有下列情形之一，不需要撤销或者判决履行的，人民法院判决确认违法：

（一）行政行为违法，但不具有可撤销内容的；

（二）被告改变原违法行政行为，原告仍要求确认原行政行为违法的；

（三）被告不履行或者拖延履行法定职责，判决履行没有意义的。

2.《国家赔偿法》

第四条 行政机关及其工作人员在行使行政职权时有下列侵犯财产权情形之一的，受害人有取得赔偿的权利：

（一）违法实施罚款、吊销许可证和执照、责令停产停业、没收财物等行政处罚的；

（二）违法对财产采取查封、扣押、冻结等行政强制措施的；

（三）违法征收、征用财产的；

（四）造成财产损害的其他违法行为。

3.《国有土地上房屋征收与补偿条例》

第八条 为了保障国家安全、促进国民经济和社会发展等公共利益的需要，有下列情形之一，确需征收房屋的，由市、县级人民政府作出房屋征收决定：

（一）国防和外交的需要；

（二）由政府组织实施的能源、交通、水利等基础设施建设的需要；

（三）由政府组织实施的科技、教育、文化、卫生、体育、环境和资源保护、防灾减灾、文物保护、社会福利、市政公用等公共事业的需要；

（四）由政府组织实施的保障性安居工程建设的需要；

（五）由政府依照城乡规划法有关规定组织实施的对危房集中、基础设施落后等地段进行旧城区改建的需要；

（六）法律、行政法规规定的其他公共利益的需要。

第九条 依照本条例第八条规定，确需征收房屋的各项建设活动，应当符合国民经济和社会发展规划、土地利用总体规划、城乡规划和专项规划。保障性安居工程建设、旧城区改建，应当纳入市、县级国民经济和社会发展年度计划。

制定国民经济和社会发展规划、土地利用总体规划、城乡规划和专项规划，应当广泛征求社会公众意见，经过科学论证。

4.《最高人民法院关于适用〈中华人民共和国行政诉讼法〉的解释》（法释〔2018〕1号）

第一百三十六条　人民法院对原行政行为作出判决的同时,应当对复议决定一并作出相应判决。

人民法院依职权追加作出原行政行为的行政机关或者复议机关为共同被告的,对原行政行为或者复议决定可以作出相应判决。

人民法院判决撤销原行政行为和复议决定的,可以判决作出原行政行为的行政机关重新作出行政行为。

人民法院判决作出原行政行为的行政机关履行法定职责或者给付义务的,应当同时判决撤销复议决定。

原行政行为合法、复议决定违法的,人民法院可以判决撤销复议决定或者确认复议决定违法,同时判决驳回原告针对原行政行为的诉讼请求。

原行政行为被撤销、确认违法或者无效,给原告造成损失的,应当由作出原行政行为的行政机关承担赔偿责任;因复议决定加重损害的,由复议机关对加重部分承担赔偿责任。

原行政行为不符合复议或者诉讼受案范围等受理条件,复议机关作出维持决定的,人民法院应当裁定一并驳回对原行政行为和复议决定的起诉。

本解释施行后,《最高人民法院关于执行〈中华人民共和国行政诉讼法〉若干问题的解释》（法释〔2000〕8号）、《最高人民法院关于适用〈中华人民共和国行政诉讼法〉若干问题的解释》（法释〔2015〕9号）同时废止。最高人民法院以前发布的司法解释与本解释不一致的,不再适用。

（二）要点简析

1. 国有土地和集体土地的征收规定不同

如本节案例2,为改善城市环境,提高城市品位,解决城中村居民的居住条件,区政府基于公共利益的需要改造的城中村范围内,既有农村集体土地,也有国有土地。对于集体土地及其房屋的征收工作应按照《中华人民共和国土地管理法》规定的条件、程序等进行土地征收和地上附着物（包括房屋）的征收补偿事宜;而对于国有土地的部分,应依据《中华人民共和国土地管理法》第五十八条之规定,依法收回国有土地使用权；另外，国有土地上的房屋征收与补偿事宜，应依据《国有土地上的房屋征收与补偿条例》规定的条件、程序、方式等依法进行征收与补偿。当然，对国有土地上的房屋实施征收的，国有土地使用权同时收回。

2. 输变电工程所涉政府征收行为被确认违法后，因具有公益性而不必撤销

根据《行政诉讼法》第七十四条，行政行为依法应当撤销，但撤销会给国家利益、社会公共利益造成重大损害；或者行政行为程序轻微违法，但对原告权利不产生实际影响的，人民法院判决确认违法，但不撤销行政行为。

经查询裁判文书网，输变电工程所涉的行政征收、电力设施保护所涉的排除妨碍、输变电工程所涉的电磁环境影响或安全距离纠纷等，均有关于行政行为被确认违法，但不撤销的案例。这是因为，对公共利益与个体利益的衡量，涉及双方的财产权、人身权等多项权利的诸多方面，还包括公共交通设施、供水、供电等基础设施建设，以及基于基本生活保障的住房建设等等，不能片面地以绝对化的商品价值作为单一衡量标准进行比较。当公共的整体利益显著大于个体利益时，虽然不能以此为由罔顾个人权益，但对公共利益给予充分考虑具有相对的合理性和必要性。因此，即使一些行政行为存在违法的情形，但若撤销将会给国家利益或者公共利益造成重大损失，法院可以判决确认行政行为违法，但不撤销。

3. 征收行为被确认违法后应由相应的行政机关担负赔偿责任

根据《最高人民法院关于适用〈中华人民共和国行政诉讼法〉的解释》（法释〔2018〕1号）第一百三十六条，原行政行为合法、复议决定违法的，人民法院可以判决撤销复议决定或者确认复议决定违法，同时判决驳回原告针对原行政行为的诉讼请求。原行政行为被撤销、确认违法或者无效，给原告造成损失的，应当由作出原行政行为的行政机关承担赔偿责任；因复议决定加重损害的，由复议机关对加重部分承担赔偿责任。

4. 行政行为被确认违法后，法院一般不对政府补救措施作出判决

征收的行政行为如果违法，补救措施宜由政府作出。如本节案例2，根据《国家赔偿法》第四条，行政机关及其工作人员在行使行政职权时违法征收、征用财产的，受害人有取得赔偿的权利。但如何赔偿或采取

何种补救措施，不宜由法院直接作出判断，应督促政府通过更为细致和专业的评估，充分考虑各种因素和各方情况，及时给予对等、适当、足额、到位的补偿。

三、防范重点

1. 供电企业应依法慎重配合政府做好征收征用工作

土地征用、房屋拆迁事关人民群众切身利益和社会稳定大局，是社会高度关注的问题，往往也是矛盾多发的领域。供电企业在推进电网建设的过程中，必须站在依法保护人民群众合法权益、维护社会和谐稳定、巩固党的执政地位和国家政权的高度，充分认识配合政府做好征收征用工作的极端重要性，以更加严谨审慎的态度、更加务实细致的方法，依法慎重配合政府处理好每一次征收征用过程中的矛盾，坚决防止因输变电工程建设征收征用不当而导致矛盾激化、引发恶性事件。

2. 严格重大信息报告制度

供电企业应建立健全输变电工程项目重大信息报告制度。凡在前期工作或电网建设过程中发生影响社会稳定重大事件的，必须迅速向当地党委和上级供电企业如实报告有关情况，做到信息准确、反应灵敏，坚决防止草率行事、不计后果的情况发生。要具体情况具体分析，注意听取当事人和各方面意见，配合政府多做协调化解工作，以更好地发挥党委、政府的政治、资源优势，共同为有效化解矛盾营造良好环境。

第八章　建设工程规划许可

第一节　建设工程规划许可证依法办理，无须撤销

一、参考案例

案例：选址意见书合法延期，建设工程规划许可证依法办理无须撤销

案号：（2018）京 01 行终 273 号

2012 年 10 月及 2015 年 12 月 25 日，某市人民政府分别作出批复，批准涉案工程的专项规划及专项规划调整。2015 年 12 月 4 日，第三人某电力公司向被告规土局申请办理涉案工程 1000 千伏交流特高压输变电工程线路工程建设工程规划许可证，并提交了建设项目选址意见书、与线路涉及的相关区、乡镇签订的开展经济补偿工作的协议等材料。因需要修改图纸，电力公司于 2015 年 12 月 28 日向规土局提交情况说明，申请不予退件处理，并取得《关于准予〈建设项目选址意见书〉有效期限延期的决定》《国家发展改革委关于 1000 千伏交流特高压输变电工程核准的批复》等文件。经审核，规土局于 2016 年 1 月 8 日向电力公司核发了被诉的建设工程规划许可证。原告公司不服，于 2017 年 2 月 6 日向住建部邮寄申请行政复议。住建部于 2017 年 5 月 5 日作出被诉复议决定维持市规土局作出的被诉许可证。该公司仍不服，向一审法院提起行政诉讼，请求撤销规土局核发被诉许可证的行为，撤销被诉复议决定。被告提交了公司土地权证范围内的违建行政处罚决定文书（责令限期拆除违法建筑事先告知书、责令拆除违法建筑决定书、强制拆除违法建筑决定书），证明该公司的建筑系违建。

一审法院认为，市电力公司在向规土局申请建设工程规划许可时提交了符合前述法律规定的文件，规土局在受理申请后，依法对相关文件进行了审查，并向电力公司核发了被诉许可证，并无不当。在该公司的相应建设行为未取得规划许可的情况下，现有证据不足以证明规土局对涉案工程作出的规划许可行为直接侵犯了公司的合法权益，故规划国土局作出被诉许可证时未征询公司的意见，亦不违反《中华人民共和国行政许可法》第三十六条的规定。住建部在受理公司的复议申请后，依法进行复议，结论正确。判决驳回该公司的诉讼请求。

二审维持一审判决。

二、法律分析

（一）关键法条

1.《城乡规划法》

第四十条　在城市、镇规划区内进行建筑物、构筑物、道路、管线和其他工程建设的，建设单位或者个人应当向城市、县人民政府城乡规划主管部门或者省、自治区、直辖市人民政府确定的镇人民政府申请办理建设工程规划许可证。

申请办理建设工程规划许可证，应当提交使用土地的有关证明文件、建设工程设计方案等材料。需要建设单位编制修建性详细规划的建设项目，还应当提交修建性详细规划。对符合控制性详细规划和规划条件的，由城市、县人民政府城乡规划主管部门或者省、自治区、直辖市人民政府确定的镇人民政府核发建设工程规划许可证。

城市、县人民政府城乡规划主管部门或者省、自治区、直辖市人民政府确定的镇人民政府应当依法将经审定的修建性详细规划、建设工程设计方案的总平面图予以公布。

2.《关于统一实行建设用地规划许可证和建设工程规划许可证的通知》[（90）建规字第66号]

三、建设用地规划许可证和建设工程规划许可证，设市城市由市人民政府城市规划行政主管部门核发；县人民政府所在地镇和其他建制镇，由县人民政府城市规划行政主管部门核发。

（二）要点简析

1.《建设用地规划许可证》和《建设工程规划许可证》的区别

《建设用地规划许可证》是经城乡规划行政主管部门确认建设项目位置和范围符合城乡规划的法定依据，是建设单位用地的法律凭证。而《建设工程规划许可证》是有关建设工程符合城市规划要求的法律凭证，是建设单位建设工程的法律凭证，是建设活动中接受监督检查时的法定依据。自然资源部组建前，《建设用地规划许可证》由建设单位向国土资源管理部门申请征用、划拨土地；《建设工程规划许可证》由城市规划行政主管部门依法核发。

根据党的十九届三中全会审议通过的《中共中央关于深化党和国家机构改革的决定》《深化党和国家机构改革方案》和第十三届全国人民代表大会第一次会议批准的《国务院机构改革方案》，将国土资源部的职责，国家发展和改革委员会的组织编制主体功能区规划职责，住房和城乡建设部的城乡规划管理职责，水利部的水资源调查和确权登记管理职责，农业部的草原资源调查和确权登记管理职责，国家林业局的森林、湿地等资源调查和确权登记管理职责，国家海洋局的职责，国家测绘地理信息局的职责整合，组建自然资源部，作为国务院组成部门。2019 年 4 月 17 日，自然资源部下发了《关于推进建设用地审批和城乡规划许可"多审合一"改革的通知（征求意见稿）》，其中第四点提出，优化建设工程规划许可，对用地要求明确、规划条件确定的项目，带建设工程设计方案出让土地的项目，用地预审后选址和规模等无变化的项目，支持市、县自然资源主管部门探索将土地供应、建设用地规划许可证和建设工程规划许可证同步办理。

2. 申领建设工程规划许可证的一般程序

根据《关于统一实行建设用地规划许可证和建设工程规划许可证的通知》（90）建规字第 66 号，凡在城市规划区内新建、扩建和改建建筑物、构筑物、道路、管线和其他工程设施的单位与个人，必须持有关批准文件向城市规划行政主管部门提出建设申请。城市规划行政主管部门根据城市规划提出建设工程规划设计要求。城市规划行政主管部门征求并综合协调有关行政主管部门对建设工程设计方案的意见，审定建设工程初步设计方案。城市规划行政主管部门审核建设单位或个人提供的工程施工图后，核发建设工程规划许可证。

建设工程规划许可证所包括的附图和附件，按照建筑物、构筑物、道路、管线以及个人建房等不同要求，由发证单位根据法律、法规规定和实际情况制定。附图和附件是建设工程规划许可证的配套证件，具有同等法律效力。

三、防范要点

根据国务院《关于开展工程建设项目审批制度改革试点的通知》关于"每个审批阶段确定一家牵头部门，实行'一家牵头、并联审批、限时办结'，由牵头部门组织协调相关部门严格按照限定时间完成审批。"的要求，各地全面开展工程建设项目"全流程""全覆盖"审批制度改革。部分地区建设工程规划许可证办理取消了用地批准书的需要材料，将用地预审意见作为使用土地证明文件申请办理建设工程规划许可证。部分地区规定建设单位在申请使用土地时，一并提交经审查符合要求的建设工程设计方案或修建性详细规划，对以划拨方式取得国有土地的，在建设单位取得《国有土地划拨决定书》后，可以一并核发建设用地批准书、建设用地规划许可证、建设工程规划许可证；对以出让方式取得国有土地的，在建设单位签订《土地出让合同》、缴清土地出让价款后，可以同步核发建设用地批准书、建设用地规划许可证、建设工程规划许可证。

电网工程项目在办理建设工程规划许可证时，应详细了解当地政府关于行政审批制度改革的各项举措，确保更高效地开展项目和工程前期工作。

第二节　无建设工程规划许可证扩建线路，应由政府协调

一、参考案例

案例： 未取得建设工程规划许可证扩建输电线路不属民事案件主管范畴

案号：（2019）豫 04 民终 408 号

2003 年 10 月，某公司拍得涉案土地及办公楼。2007 年 9 月取得办公楼的所有权证，2010 年 12 月 3 日取得上述土地的使用权证。某 110 千伏输变电工程线路于 1987 年建设。2006 年 8 月 15 日，市城市规划局批复同意被告供电公司利用原 110 千伏线路改造实施 220 千伏线路的路径规划。该线路 2008 年 6 月开工，2009 年 5 月改建完工并投入使用。施工中，将原跨越市第一砖瓦厂的 24 号、25 号塔及线路拆除，在原市第一砖瓦厂办公楼（现属某公司所有）南土地上重新建设了新线塔一座，并安装了线路。在改建期间供电公司未与该公司进行协商。该公司诉请判令拆除在公司使用土地范围修建的线塔，排除妨害。截至一审辩论终

结，供电公司未提供由规划部门颁发的涉案输变电工程的建设工程规划许可证。

一审法院认为，该公司要求拆除涉案输变电工程中的线塔，属在城市、镇规划区内因输变电工程建设引起的纠纷。根据法律的规定，建设单位应当向相关部门申请办理建设工程规划许可证，在取得建设工程规划许可证后方可开工建设。供电公司在未取得涉案工程建设工程规划许可证情况下开工建设，违反了法律规定，对此违反法律规定的行为如何解决和救济，《中华人民共和国城乡规划法》做出了明确的规定，故本案不属于法院的受案范围。裁定驳回该公司的起诉。

二审法院认为，该公司享有的涉案土地建设用地使用权行使的圆满状态因涉案高压输电线路受到影响，其有权依据相应的法律关系启动救济程序。案涉高压输电线路路径工程设计已经市城市规划局复函同意，但没有办理建设工程规划许可证，根据前述法律规定，涉案高压输电线路工程的合法性审查及相应的处理，属于国家有关行政机关的职权范围，不属于人民法院民事案件主管的范畴，对此，该公司可另寻他途解决。裁定驳回上诉，维持原裁定。

二、法律分析

（一）关键法条

1. 《侵权责任法》

第六条　行为人因过错侵害他人民事权益，应当承担侵权责任。

2. 《物权法》

第三十五条　妨害物权或者可能妨害物权的，权利人可以请求排除妨害或者消除危险。

3. 《城乡规划法》

第四十条　在城市、镇规划区内进行建筑物、构筑物、道路、管线和其他工程建设的，建设单位或者个人应当向城市、县人民政府城乡规划主管部门或者省、自治区、直辖市人民政府确定的镇人民政府申请办理建设工程规划许可证。

申请办理建设工程规划许可证，应当提交使用土地的有关证明文件、建设工程设计方案等材料。需要建设单位编制修建性详细规划的建设项目，还应当提交修建性详细规划。对符合控制性详细规划和规划条件的，由城市、县人民政府城乡规划主管部门或者省、自治区、直辖市人民政府确定的镇人民政府核发建设工程规划许可证。

城市、县人民政府城乡规划主管部门或者省、自治区、直辖市人民政府确定的镇人民政府应当依法将经审定的修建性详细规划、建设工程设计方案的总平面图予以公布。

第六十四条　未取得建设工程规划许可证或者未按照建设工程规划许可证的规定进行建设的，由县级以上地方人民政府城乡规划主管部门责令停止建设；尚可采取改正措施消除对规划实施的影响的，限期改正，处建设工程造价百分之五以上百分之十以下的罚款；无法采取改正措施消除影响的，限期拆除，不能拆除的，没收实物或者违法收入，可以并处建设工程造价百分之十以下的罚款。

第六十八条　城乡规则主管部门作出责令停止建设或者限期拆除的决定后，当事人不停止建设或者逾期不拆除的，建设工程所在地县级以上地方人民政府可以责令有关部门采取查封施工现场、强制拆除等措施。

（二）要点简析

1. 供电企业违法建设输电线路应承担侵权责任

如本节案例，法院认为，根据《侵权责任法》第六条和《物权法》第三十五条规定，行为人因过错侵害他人民事权益，应当承担侵权责任；妨害物权或者可能妨害物权的，权利人可以请求排除妨害或者消除危险。排除妨害是指侵权人实施的行为使被侵权人无法行使或不能正常行使自己的物权，被侵权人请求侵权人将妨碍权利实施的障碍予以排除，该妨碍行为必须是违法的，对于正当的"妨碍"不能要求排除妨害，而是负有容忍义务，但享有请求对"妨碍"造成的损失予以赔偿或补偿的权利。确认妨碍的行为是否正当，要看这种妨碍是否有法律根据。如果妨碍行为是合法的，即正当行使权利的行为，则妨碍人可拒绝被侵权人的请求。涉案供电公司未取得涉案工程建设工程规划许可证情况下开工建设，违反了法律规定，存在过错。供电公司建设涉案高压输变电工程时，因相关输变电线路塔建设在该公司具有建设用地使用权的土地范围内，客观上影响了其该项建设用地使用权行使的圆满状态，因此，对供电公司建设涉案 220千伏高压输变电工程的合法性审查并进而确定是否应当拆除涉案 220 千伏高压输变电工程的组成部分高压线塔是解决本案纠纷的关键。

2. 输电线路违法建设应由政府协调解决

关于涉案高压输变电工程的合法性审查及处理问题，法院认为，供电公司改建的涉案高压输电线路工程，属《城乡规划法》调整的范围。而《城乡规划法》第六十四条规定，未取得建设工程规划许可证或者未按照建设工程规划许可证的规定进行建设的，由县级以上地方人民政府城乡规划主管部门责令停止建设；尚可采取改正措施消除对规划实施的影响的，限期改正，处建设工程造价百分之五以上百分之十以下的罚款；无法采取改正措施消除影响的，限期拆除，不能拆除的，没收实物或者违法收入，可以并处建设工程造价百分之十以下的罚款。第六十八条规定，城乡规则主管部门作出责令停止建设或者限期拆除的决定后，当事人不停止建设或者逾期不拆除的，建设工程所在地县级以上地方人民政府可以责令有关部门采取查封施工现场、强制拆除等措施。因此，在涉案高压输电线路工程的合法性审查及相应的强制拆除处理措施不属于人民法院民事案件审理的范畴的情况下，公司提起的本案排除妨害诉讼显然不属于人民法院受理民事诉讼的范围。

三、防控重点

对本节案例的裁决意见，编者持保留意见。供电企业在电网工程建设过程中，还是应按照法律法规的要求，按步骤做好前期工作，确保电网工程合法开工、合法建设。

第三节　水保方案和文保审查非核准前置条件，开工前完成

一、参考案例

案例：110 千伏输变电工程项目水土保持方案未验收投产运行，引发行政处罚纠纷

案号：（2019）内 0725 行审 9 号

某水利局就供电公司的 110 千伏输变电工程项目（占地面积 584700

平方米)进行核查发现该项目在水土保持方案未验收的情况下投产运行。水利局于2018年5月25日向供电公司下达了责令停止水事违法行为通知书,并于2018年5月28日向供电公司下达了行政处罚权利告知书,2018年6月21日作出行政处罚决定书,并于2018年8月21日向供电公司送达了该行政处罚决定书,对供电公司作出处罚:立即停止违法行为;立即组织水土保持设施验收;处罚人民币40万元。2019年5月17日,水利局向法院提出行政非诉强制执行申请,申请强制执行该局于2018年6月21日作出的针对供电公司的行政处罚决定书。

法院认为,110千伏输变电工程在水利局向其下达行政处罚决定书时,水土保持设施未经验收即投产使用的事实存在,应予处罚。但本案罚款金额40万元,属于金额较大,水利局在作出较大金额罚款决定之前未依法告知被处罚主体供电公司有要求听证的权利,且在申请强制执行之前未催告供电公司履行行政处罚决定书确定的义务,故水利局在作出行政处罚决定书时程序违法。且申请强制执行前催告当事人履行义务是申请强制执行的前置程序,故水利局的强制执行申请,不符合法律规定,且该工程项目水土保持设施现已整体验收,裁定不准予执行水利局作出的行政处罚决定书。

二、法律分析

(一)关键法条

1.《水土保持法》(1991年6月29日第七届全国人民代表大会常务委员会第二十次会议通过。2010年12月25日第十一届全国人民代表大会常务委员会第十八次会议修订)

第二十五条　在山区、丘陵区、风沙区以及水土保持规划确定的容易发生水土流失的其他区域开办可能造成水土流失的生产建设项目,生产建设单位应当编制水土保持方案,报县级以上人民政府水行政主管部门审批,并按照经批准的水土保持方案,采取水土流失预防和治理措施。没有能力编制水土保持方案的,应当委托具备相应技术条件的机构编制。水土保持方案应当包括水土流失预防和治理的范围、目标、措施和投资等内容。水土保持方案经批准后,生产建设项目的地点、规模发生重大变化的,应当补充或者修改水土保持方案并报原审批机关批准。水土保持方案实施过程中，水土保持措施需要作出重大变更的，应当经原审批机关批准。生产建设项目水土保持方案的编制和审批办法，由国务院水行政主管部门制定。

第二十六条 依法应当编制水土保持方案的生产建设项目，生产建设单位未编制水土保持方案或者水土保持方案未经水行政主管部门批准的，生产建设项目不得开工建设。

2.《文物保护法》（根据 2017 年 11 月 4 日第十二届全国人民代表大会常务委员会第三十次会议《关于修改〈中华人民共和国会计法〉等十一部法律的决定》第五次修正）

第二十条 建设工程选址，应当尽可能避开不可移动文物；因特殊情况不能避开的，对文物保护单位应当尽可能实施原址保护。实施原址保护的，建设单位应当事先确定保护措施，根据文物保护单位的级别报相应的文物行政部门批准；未经批准的，不得开工建设。无法实施原址保护，必须迁移异地保护或者拆除的，应当报省、自治区、直辖市人民政府批准；迁移或者拆除省级文物保护单位的，批准前须征得国务院文物行政部门同意。全国重点文物保护单位不得拆除；需要迁移的，须由省、自治区、直辖市人民政府报国务院批准。 依照前款规定拆除的国有不可移动文物中具有收藏价值的壁画、雕塑、建筑构件等，由文物行政部门指定的文物收藏单位收藏。本条规定的原址保护、迁移、拆除所需费用，由建设单位列入建设工程预算。

第六十六条 有下列行为之一，尚不构成犯罪的，由县级以上人民政府文物主管部门责令改正，造成严重后果的，处五万元以上五十万元以下的罚款；情节严重的，由原发证机关吊销资质证书：

（一）擅自在文物保护单位的保护范围内进行建设工程或者爆破、钻探、挖掘等作业的；

（二）在文物保护单位的建设控制地带内进行建设工程，其工程设计方案未经文物行政部门同意、报城乡建设规划部门批准，对文物保护单位的历史风貌造成破坏的；

（三）擅自迁移、拆除不可移动文物的；

（四）擅自修缮不可移动文物，明显改变文物原状的；

（五）擅自在原址重建已全部毁坏的不可移动文物，造成文物破坏的；

（六）施工单位未取得文物保护工程资质证书，擅自从事文物修缮、迁移、重建的。

刻划、涂污或者损坏文物尚不严重的，或者损毁依照本法第十五条第一款规定设立的文物保护单位标志的，由公安机关或者文物所在单位给予警告，可以并处罚款。

（二）要点简析

1. 输变电工程的水土保持方案应在开工建设前获得批准

输变电工程是国家重要的基础设施建设项目。由于输变电工程线路长、工期短、施工分散、扰动点多，一直是水土保持监管的重点。根据《水土保持法》第二十五条、第二十六条，输变电工程如果在山区、丘陵区、风沙区以及水土保持规划确定的容易发生水土流失的其他区域规范建设，应当编制水土保持方案，报县级以上人民政府水行政主管部门审批，并按照经批准的水土保持方案，采取水土流失预防和治理措施，否则不得开工建设。

2. 输变电工程选址时应征求文物行政部门的意见

根据《文物保护法》第二十条、第六十六条，输变电工程选址时，应当尽可能避开不可移动文物；因特殊情况不能避开的，对文物保护单位应当尽可能实施原址保护。输变电工程对文物拟实施原址保护的，应当事先确定保护措施，根据文物保护单位的级别报相应的文物行政部门批准；未经批准的，不得开工建设。擅自在文物保护单位的保护范围内建设输变电工程或者爆破、钻探、挖掘等作业，或者在文物保护单位的建设控制地带内进行建设工程，其工程设计方案未经文物行政部门同意、报城乡建设规划部门批准，对文物保护单位的历史风貌造成破坏的，将由县级以上人民政府文物主管部门责令改正，造成严重后果的，处五万元以上五十万元以下的罚款。

三、防控重点

1. 不折不扣落实各项水土保持措施

供电企业要充分认识到做好水土流失防治工作的重要性和迫切性，结合输变电项目特点，进一步细化强化管理，层层压实责任，以坡地塔基等防治区为重点，认真做好表土剥离和保护利用，全面加强临时防护措施，严禁施工过程中顺坡溜渣，抓好塔基土地整治、因地制宜植树种草等措施，自上而下建立较为完善的水土保持组织管理体系和管理制度，定期开展自查自纠，加强全过程管理，不折不扣落实各项水土保持措施，确保水土保持管理水平和成效不断提高。

2. 充分发挥电力工程建设在文化遗产保护中的重要作用

在电力建设进行的同时注重文化遗产保护，功在当代，利在千秋。电力工程建设与文物保护的协调需要多方合力，才能让文化遗产再现昔日繁荣昌盛，让电力工程为人民造福。输变电工程划定规划红线时，应当及时征求文物保护部门的意见，避免电力建设中一些文化遗产遭到破坏，确保输变电工程建设全过程合法合规。

第九章　信息公开与信访

第一节　电网规划选址部分信息属于国家秘密，依法不得公开

一、参考案例

案例 1：220 千伏变电站规划选址信息部分属于国家秘密，依法不予公开

案号：（2018）粤 71 行终 1516 号

2017 年 11 月 7 日，某公司以该单位作为项目建设征地相关方，有知情需要为由，向某市国规委要求公开：①"220 千伏某变电站工程调整"项目选址意见书；②"220 千伏某变电站工程调整"项目用地规划许可证；③"220 千伏某变电站工程调整"项目工程规划许可证。2017 年 11 月 27 日，市国规委作出依申请公开政府信息答复书答复该公司"申请获取的政府信息属于国家秘密，公开后会危及国家安全、公共安全、经济安全和社会稳定，对于你单位申请获取的信息，本委不予公开。"该公司对此答复不服，向法院提起行政诉讼。

一审法院认为，市国规委具有处理政府信息公开的职能。涉案的许可证所包含的信息，部分属于市电力设施精确位置、高程等图文资料，属于国家秘密；部分属于不涉及军事、军工、国家安全要害部门，且仅标有设施名称、非精确位置等的信息。某市国规委对此信息未作区分，全部不予公开不当，其应对该公司申请公开的信息的性质进行审查和区分，并根据信息的不同性质，限期对该公司的案涉政府信息公开申请重新作出处理。

市国规委不服一审判决提起上诉。

二审法院认为，该公司向市国规委申请公开"220 千伏某变电站"的建设项目选址意见书、建设用地规划许可证、建设工程规划许可证等信息，因该许可证所包含的信息，部分属于市电力设施精确位置、高程等信息，属于国家秘密，不属于政府信息公开的范围。且上述建设项目选址意见书、建设用地规划许可证、建设工程规划许可证及相关附图均属于完整的一个整体，无法加以区分。因此，市国规委作出被诉答复，

告知该公司其申请获取的政府信息涉及国家秘密，公开后会危及国家安全、公共安全、经济安全和社会稳定，故不予公开该政府信息，符合上述规定。原审法院认为市国规委对该政府信息未作区分，全部不予公开不当，判决撤销被诉答复，限期市国规委重新作出处理不当，改判撤销一审判决；改判驳回被上诉人公司的诉讼请求。

案例 2：环保厅认为环评报告部分内容涉及第三方利益，未经同意不予公开

案号：（2014）苏行终字第 00236 号

熊某于 2014 年 5 月 7 日通过网络向省环保厅申请政府信息公开，所需信息的内容为："220 千伏某输变电工程环评材料。"省环保厅于 2014 年 5 月 22 日向熊某作出答复书，向熊某公开了 220 千伏某输变电工程环境影响报告表的批复和该输电线路工程（重新报批）环境影响报告表的批复。因省环保厅认为该输电线路环评报告涉及第三方权益，故书面征求第三方意见。第三方称报告表中有关地方电网规划、变电站总平面图布局、电网地理接线图、城市电网管线图、输电线路路径描述等内容系商业秘密，不同意公开，对不属于商业秘密或个人隐私的部分则同意公开。省环保厅经审查后将该线路环评报告中第三方认为可以公开的内容向熊某予以公开。熊某不服起诉。

一审法院认为，省环保厅已履行了政府信息公开法定职责，且答复程序和内容均符合法律规定，判决驳回熊某的诉讼请求。二审驳回上诉，维持原判。

二、法律分析

（一）关键法条

1. 《政府信息公开条例》（自 2008 年 5 月 1 日起施行）

第十三条 除本条例第九条、第十条、第十一条、第十二条规定的行政机关主动公开的政府信息外，公民、法人或者其他组织还可以根据自身生产、生活、科研等特殊需要，向国务院部门、地方各级人民政府及县级以上地方人民政府部门申请获取相关政府信息。

第十四条 依法确定为国家秘密的政府信息，法律、行政法规禁止公开的政府信息，以及公开后可能危及国家安全、公共安全、经济安全、

社会稳定的政府信息，不予公开。

第二十一条　对申请公开的政府信息，行政机关根据下列情况分别作出答复：

（一）属于公开范围的，应当告知申请人获取该政府信息的方式和途径；

（二）属于不予公开范围的，应当告知申请人并说明理由；

（三）依法不属于本行政机关公开或者该政府信息不存在的，应当告知申请人，对能够确定该政府信息的公开机关的，应当告知申请人该行政机关的名称、联系方式；

（四）申请内容不明确的，应当告知申请人作出更改、补充。

第二十三条　行政机关认为申请公开的政府信息涉及商业秘密、个人隐私，公开后可能损害第三方合法权益的，应当书面征求第三方的意见；第三方不同意公开的，不得公开。但是，行政机关认为不公开可能对公共利益造成重大影响的，应当予以公开，并将决定公开的政府信息内容和理由书面通知第三方。

第三十七条　申请公开的信息中含有不应当公开或者不属于政府信息的内容，但是能够作区分处理的，行政机关应当向申请人提供可以公开的政府信息内容，并对不予公开的内容说明理由。

第五十五条　教育、医疗卫生、计划生育、供水、供电、供气、供热、环保、公共交通等与人民群众利益密切相关的公共企事业单位在提供社会公共服务过程中制作、获取的信息的公开，参照本条例执行，具体办法由国务院有关主管部门或者机构制定。

2.《住房城乡建设部国家保密局关于印发〈住房城乡建设工作国家秘密范围的规定〉的通知》（建办〔2017〕36号）

附件：住房城乡建设工作国家秘密目录序号4规定：国家秘密事项名称：标有精确位置、高程、管径、压力及附属构筑物敏感信息的设市城市电力、电信、给排水、供热、供气、人防各专业工程的现状图、规划图及管线综合图文资料，密级：秘密，保密期限：长期，知悉范围：相关主管部门、管线权属单位及所在城市规划或住房城乡建设主管部门批准的使用单位，备注：不涉及军事、军工、国家安全要害部门，且仅标有设施名称、非精确位置、管线走向的草图、简图、略图、示意图、目测图，以及较小局部规划图、现状图及管线图除外。

3.《关于建设工作中国家秘密及其密级具体范围的规定》（建办〔1997〕49号）

第三条 第（三）项"秘密级事项"第2目：城市基础设施总体规划的城市给排水、供热、供气、防汛、电力、人防等规划图纸属于秘密级国家秘密。

4.《关于禁止侵犯商业秘密行为的若干规定》（1998年12月3日修正 国家工商行政管理局发布）

第二条 本规定所称商业秘密，是指不为公众所知悉、能为权利人带来经济利益、具有实用性并经权利人采取保密措施的技术信息和经营信息。

本规定所称不为公众所知悉，是指该信息是不能从公开渠道直接获取的。

本规定所称能为权利人带来经济利益、具有实用性，是指该信息具有确定的可应用性，能为权利人带来现实的或者潜在的经济利益或者竞争优势。

本规定所称权利人采取保密措施，包括订立保密协议，建立保密制度及采取其他合理的保密措施。

本规定所称技术信息和经营信息，包括设计、程序、产品配方、制作工艺、制作方法、管理诀窍、客户名单、货源情报、产销策略、招投标中的标底及标书内容等信息。

本规定所称权利人，是指依法对商业秘密享有所有权或者使用权的公民、法人或者其他组织。

（二）要点简析

1. 输变电工程项目部分信息属于国家秘密不得公开

根据《关于建设工作中国家秘密及其密级具体范围的规定》（建办〔1997〕49号）和《住房城乡建设部国家保密局关于印发〈住房城乡建设工作国家秘密范围的规定〉的通知》（建办〔2017〕36号），城市基础设施总体规划的城市电力等规划图纸属于秘密级国家秘密。标有精确位置、高程、管径、压力及附属构筑物敏感信息的设市城市电力专业工程的现状图、规划图及管线综合图文资料属于秘密级国家秘密。知悉范围仅限于相关主管部门、管线权属单位及所在城市规划或住房城乡建设主管部门批准的使用单位。根据《政府信息公开条例》第十四条和《最高人民法院关于审理政府信息公开行政案件若干问题的规定》第五条第四款、第八条，依法确定为国家秘密的政府信息，法律、行政法规禁止公开的政府信息，以及公开后可能危及国家安全、公共安全、经济安全、社会稳定的政府信息，不予公开。涉及国家秘密的信息在诉讼中可以不予提交。

如本节案例1，一审、二审法院均认可，220千伏某变电站建设项目选址意见书、建设用地规划许可证、建设工程规划许可证等信息部分属于该市电力设施精确位置、高程等信息，属于国家秘密，不属于政府信息公开的范围。

2. 城市电力专业工程中不属于国家秘密且能够区分处理的可以公开

根据《住房城乡建设部国家保密局关于印发〈住房城乡建设工作国家秘密范围的规定〉的通知》（建办〔2017〕36号），设市城市电力专业工程中仅标有设施名称、非精确位置、管线走向的草图、简图、略图、示意图、目测图，以及较小局部规划图、现状图及管线图不属于国家秘密。依照《政府信息公开条例》第三十七条，申请公开的信息中含有不应当公开或者不属于政府信息的内容，但是能够作区分处理的，行政机关应当向申请人提供可以公开的政府信息内容，并对不予公开的内容说明理由。如本节案例2的省环保厅即对原告要求公开的信息作了区分处理，对可以公开的内容予以公开。

对于不能区分的信息，则不应公开。如本节案例1，一审法院认为，原告要求公开的信息，部分属于市电力设施精确位置、高程等图文资料，属于国家秘密；部分属于不涉及军事、军工、国家安全要害部门，且仅标有设施名称、非精确位置等的信息，市国规委应对该公司申请公开的信息的性质进行审查、进行区分，并根据信息的不同性质，限期对该公司的案涉政府信息公开申请重新作出处理。但是二审法院认为，上述建设项目选址意见书、建设用地规划许可证、建设工程规划许可证及相关附图均属于完整的一个整体，无法加以区分。因此，市国规委作出被诉答复，告知该公司其申请获取的政府信息涉及国家秘密，公开后会危及国家安全、公共安全、经济安全和社会稳定，故不予公开该政府信息，符合上述规定。

3. 输变电工程项目部分信息属于商业秘密未经第三方同意不得公开

依照《政府信息公开条例》第二十三条和第二十四条的规定，行政机关认为申请公开的政府信息涉及商业秘密、个人隐私，公开后可能损害第三方合法权益的，应当书面征求第三方的意见；第三方不同意公开的，不得公开。同时，征求第三方的意见所需时间不计算在答复期限内。

如本节案例 2，涉案信息不予公开的理由是因省环保厅认为某环线路环评报告，220 千伏环评报告涉及第三方权益，而第三方认为报告表中有关地方电网规划、变电站总平面图布局、电网地理接线图、城市电网管线图、输电线路路径描述等内容系商业秘密，不同意公开，因此省环保厅不能公开此部分内容，与案例 1 被告以国家秘密不予公开的理由有所不同。

三、防范重点

1. 供电企业应正确把握输变电工程信息公开

本节案例中的原告均向政府部门要求公开输变电工程项目信息。根据《政府信息公开条例》第五十五条，供电企业作为与人民群众利益密切相关的公共企事业单位，在提供社会公共服务过程中制作、获取的信息的公开，参照本条例执行。因此供电企业也面临较多的信息公开需求。一方面，电力设施的安全稳定运行关系国计民生，不容有失。供电企业在日常工作中应加强电力设施相关资料的保密工作。另一方面，公民的知情权也是法律赋予的合法权利。确保公民的知情权和严格保守国家秘密是输变电工程项目信息公开中经常遇到的一对矛盾，供电企业应正确把握尺度，区别对待，做到既确保公民的合法知情权，又严格保守国家秘密。

2. 供电企业应对商业秘密采取保密措施

根据《关于禁止侵犯商业秘密行为的若干规定》，只有不为公众所知悉、能为权利人带来经济利益、具有实用性并经权利人采取保密措施的技术信息和经营信息，才属于商业秘密。权利人应对商业秘密采取订立保密协议、建立保密制度等保密措施。如果权利人疏于对商业秘密采取保密措施，使该信息能从公开渠道直接获取，则不属于商业秘密。如果供电公司在其外网中公布了电网规划、地理接线图供他人下载、查询，或者未经审批流程擅自向各级国家机关、具有行政管理职能的事业单位、社会团体等提供商业秘密载体，不向其明示保密义务，则所提供的信息不能作为商业秘密受到法律保护。实际工作中，各级供电公司都应制订好本单位的保密工作管理办法，与每位员工签订保密协议，切实保护本单位的商业秘密。

第二节　规划选址、路径等信息公开的信访和诉讼应关注时效

一、参考案例

案例 1：信息公开未告知相对人诉权和起诉期限，诉讼时效为两年而非六个月

案号：（2016）浙 0683 行初 207 号、（2017）浙 06 行终 226 号、（2017）浙 0683 行初 161 号、（2018）浙 06 行终 123 号

2014 年 11 月 26 日，原告魏某等人根据《政府信息公开条例》第 13 条规定，分别向被告某市住房和城乡建设局申请公开 220 千伏某输变电工程的建设用地规划许可证、附图、附件和审核材料及建设工程规划许可证、附图、附件和审核材料。2014 年 12 月 22 日，被告一并作出答复，认为原告申请公开的信息"与你们无相关利害关系，故不予公开。"原告诉至法院。一审法院认为，本案适用六个月的诉讼时效。原告于 2016 年 7 月 27 日才向法院提起行政诉讼已明显超过法定的起诉期限。裁定驳回原告的起诉。

二审法院认为，被诉政府信息部分公开告知书于 2014 年 12 月 22 日作出时未告知相对人诉权和起诉期限，应适用《最高人民法院关于执行〈中华人民共和国行政诉讼法〉若干问题的解释》第四十一条关于 2 年期限的规定。一审法院法律理解不当，应予指正，裁定撤销原裁定；指令一审法院继续审理。

一审法院继续审理认为，根据《500 千伏超高压送变电工程电磁辐

射环境影响评价技术规范》（HJ/T 24—1998），220 千伏送变电工程电磁环境影响环境影响的评价亦参照该规范，工程两侧 30 米带状区域才作为工频电场、磁场的评价范围，而根据庭审情况及原告的自认表明，涉案 220 千伏输变电工程部分线路距离原告住房的距离为 60 米，故市规划局以涉案信息与原告无相关利害关系为由不予公开，并无不当。被告收到原告等人的政府信息公开申请后，在法定期限内作出了答复，符合法律规定，判决驳回原告的诉讼请求。二审判决驳回上诉，维持原判。

案例 2：供电企业对信息公开申请未在法定期限内给予书面答复被判违法

案号：（2016）鲁 0991 行初 30 号、（2017）鲁 09 行终 45 号

案情简介：2016 年 6 月 17 日，杨某通过邮政特快专递向某市供电公司邮寄申请公开某 10 千伏高压变电室选址设计方案及所依据的规定标准等信息资料。该申请由市供电公司工作人员尹某签收。因未获答复，杨某以省电力公司、市供电公司为被告诉至法院，要求确认两被告对其申请不作答复的行为违法，并公开其申请的信息。

一审法院认为，被告市供电公司是省电力公司的分支机构，不能独立承担责任。被告省电力公司有处理政府信息公开申请的职责。杨某向市供电公司提出申请，即视为向被告省电力公司提出了申请，省电力公司应当在法定期限内对杨某的政府信息公开申请作出答复，而其未在法定期限内给予书面答复，违反了《政府信息公开条例》的规定。遂判决被告省电力公司对原告杨某的申请不作答复的行为违法；责令被告省电力公司自本判决生效之日起 15 个工作日内作出答复；驳回原告对市供电公司的诉讼请求。

二审法院认为，市供电公司拥有营业执照，是可以参加民事诉讼并承担民事责任的主体，应当承担信息公开的有关责任。杨某仅向市供电公司邮寄了信息公开申请，没有向省电力公司邮寄申请。一审法院认为杨某向市供电公司提出申请，即视为向省电力公司提出申请不当，应予以指正。遂撤销一审判决，确认市供电公司对被上诉人杨某的申请不作答复的行为违法；责令市供电公司于本判决生效之日起 15 个工作日内对被上诉人杨某的申请作出答复。

二、法律分析

（一）关键法条

1.《民法通则》

第一百三十五条 向人民法院请求保护民事权利的诉讼时效期间为二年，法律另有规定的除外。

第一百三十六条 下列的诉讼时效期间为一年：

（一）身体受到伤害要求赔偿的；

（二）出售质量不合格的商品未声明的；

（三）延付或者拒付租金的；

（四）寄存财物被丢失或者损毁的。

第一百三十七条 诉讼时效期间从知道或者应当知道权利被侵害时起计算。但是，从权利被侵害之日起超过二十年的，人民法院不予保护。有特殊情况的，人民法院可以延长诉讼时效期间。

2.《民法总则》

第一百八十八条 向人民法院请求保护民事权利的诉讼时效期间为三年。法律另有规定的，依照其规定。

诉讼时效期间自权利人知道或者应当知道权利受到损害以及义务人之日起计算。法律另有规定的，依照其规定。但是自权利受到损害之日起超过二十年的，人民法院不予保护；有特殊情况的，人民法院可以根据权利人的申请决定延长。

第一百九十六条 下列请求权不适用诉讼时效的规定：

（一）请求停止侵害、排除妨碍、消除危险；

（二）不动产物权和登记的动产物权的权利人请求返还财产；

（三）请求支付抚养费、赡养费或者扶养费；

（四）依法不适用诉讼时效的其他请求权。

3.《行政诉讼法》

第四十五条 公民、法人或者其他组织不服复议决定的，可以在收到复议决定书之日起十五日内向人民法院提起诉讼。复议机关逾期不作决定的，申请人可以在复议期满之日起十五日内向人民法院提起诉讼。法律另有规定的除外。

　　第四十六条　公民、法人或者其他组织直接向人民法院提起诉讼的，应当自知道或者应当知道作出行政行为之日起六个月内提出。法律另有规定的除外。

　　因不动产提起诉讼的案件自行政行为作出之日起超过二十年，其他案件自行政行为作出之日起超过五年提起诉讼的，人民法院不予受理。

　　4.《最高人民法院关于执行〈中华人民共和国行政诉讼法〉若干问题的解释》（法释〔2000〕8号）

　　第四十一条　行政机关作出具体行政行为时，未告知公民、法人或者其他组织诉权或者起诉期限的，起诉期限从公民、法人或者其他组织知道或者应当知道诉权或者起诉期限之日起计算，但从知道或者应当知道具体行政行为内容之日起最长不得超过2年。

　　复议决定未告知公民、法人或者其他组织诉权或者法定起诉期限的，适用前款规定。

　　5.《最高人民法院关于适用〈中华人民共和国民法总则〉诉讼时效制度若干问题的解释》（法释〔2018〕12号）

　　第一条　民法总则施行后诉讼时效期间开始计算的，应当适用民法总则第一百八十八条关于三年诉讼时效期间的规定。当事人主张适用民法通则关于二年或者一年诉讼时效期间规定的，人民法院不予支持。

　　第二条　民法总则施行之日，诉讼时效期间尚未满民法通则规定的二年或者一年，当事人主张适用民法总则关于三年诉讼时效期间规定的，人民法院应予支持。

　　第三条　民法总则施行前，民法通则规定的二年或者一年诉讼时效期间已经届满，当事人主张适用民法总则关于三年诉讼时效期间规定的，人民法院不予支持。

　　6.《政府信息公开条例》（自2008年5月1日起施行）

　　第二十四条　行政机关收到政府信息公开申请，能够当场答复的，应当当场予以答复。

　　行政机关不能当场答复的,应当自收到申请之日起15个工作日内予以答复；如需延长答复期限的，应当经政府信息公开工作机构负责人同意，并告知申请人，延长答复的期限最长不得超过15个工作日。

申请公开的政府信息涉及第三方权益的，行政机关征求第三方意见所需时间不计算在本条第二款规定的期限内。

第三十七条 教育、医疗卫生、计划生育、供水、供电、供气、供热、环保、公共交通等与人民群众利益密切相关的公共企事业单位在提供社会公共服务过程中制作、获取的信息的公开，参照本条例执行，具体办法由国务院有关主管部门或者机构制定。

（二）要点简析

1. 输变电工程信息公开行政案件的诉讼时效为六个月或两年

根据《行政诉讼法》第四十五条，普通的行政诉讼时效，不服复议决定的，可以在收到复议决定书之日起十五日内向人民法院提起诉讼。复议机关逾期不作决定的，申请人可以在复议期满之日起十五日内向人民法院提起诉讼。直接向人民法院提起诉讼的，应当自知道或者应当知道作出行政行为之日起六个月内提出。但是如果行政机关作出具体行政行为时，未告知公民、法人或者其他组织诉权或者起诉期限的，则诉讼时效为两年。本节案例 1 即属于该情况。

2. 输变电工程电磁环境影响和安全距离不够的民事诉讼时效改为三年

以身体受到电磁环境影响伤害为由提起侵权损害赔偿诉讼的，诉讼时效从一年变为三年。《民法通则》第一百三十五条规定了普通诉讼时效期间为二年，法律另有规定的除外；第一百三十六条规定了身体受到伤害要求赔偿的诉讼时效期间为一年。但 2017 年 10 月 1 日起施行的《民法总则》将诉讼时效期间统一修改为三年。

以高压输电线路影响正常工作、生活为由提起停止侵害、排除妨碍、消除危险之诉的，根据《民法总则》第一百九十六条，不受诉讼时效的限制。

3. 供电企业办理信息公开的答复应避免超过规定时限

在本节案例 2 中，根据《政府信息公开条例》第十三条和第二十四条、《供电企业信息公开实施办法》第七条和第十二条，杨某有权申请供电公司公开人民商厦南宿舍 10 千伏高压变电室选址设计方案及所依据的规定标准等信息资料，供电公司也应当在 15 个工作日内作出答复，如需延长还应告知申请人，并且在 30 个工作日内务必作出答复。本案中，供电公司未履行《政府信息公开条例》第二十四条规定的答复义务，其对原告方的信息公开申请不作为、不答复的行为违法。但是在规定的时限内作出"属于不予公开的范围"答复并说明理由，或者作出"不属于本单位信息公开范围"的答复，则另当别论。至于申请的内容是否属于被申请人依法不予公开的内容或不属于本单位信息公开的范围，只要理由充分，一般会获得法院的支持。

三、防范重点

1. 关注输变电工程建设类历史积案的诉讼时效

关于输变电工程信息公开、排除妨碍等案例，往往容易成为历史积案。供电企业在办理此类历史积案时，应全面了解、准确把握不同案件类型、不同诉讼理由的诉讼时效，对确已超过诉讼时效的事项，应据理力争，请求法院予以驳回。

2. 供电企业应在规定的时限内及时答复信息公开申请

本节案例 2 中，市供电公司的行为之所以被确认违法，主要是因为没有在规定的期限内作出答复，其实质属于程序违法。该公司依然可以在 15 个工作日内对杨某的申请作出"不予公开"或"不属于本单位信息公开范围"的答复。可见，关于信息公开的行政诉讼，程序的意义有时候远大于实质。供电公司在处理信息公开类事务时，务必注意在 15 个工作日内答复的规定，15 个工作日内无法答复需要延长的，也应履行告知申请人的义务，做到答复时限或期限合法、程序到位。

第三节　是否应当举行听证会是诉讼重点，
电网项目也应重视

一、参考案例

案例 1：110 千伏输变电工程的环评不属于必须听证的项目

案号：（2018）豫 01 行终 535 号

原告王某等 3 人居住于某小区。2014 年 11 月 4 日，供电公司向市环保局提出建设项目环境影响评价文件审批申请。公示期满后，市环保局于 2014 年 11 月 11 日做出环评批复，原则同意供电公司按照报告表所列项目的性质、规模、地点、环境保护对策进行项目建设。王某等 3 人对该批复不服，向省环保厅申请行政复议。2016 年 9 月 22 日，省环保厅依据供电公司的申请举行了行政复议听证会，10 月 10 日，作出行政复议决定书，维持市环保局作出的批复。王某等 3 人不服市环保局所作批复及省环保厅的行政复议决定书，向法院提起行政诉讼。

王某等 3 人认为批复剥夺了其陈述、申辩及听证权利，程序违法。

一审法院认为，《环境影响评价法》规定，只有需要编制环境影响报告书的项目才要求必须有公众参与程序。涉案 110 千伏输变电工程项目为编制环境影响报告表项目，法律法规并未强制规定在编制环境影响评价文件中必须进行公众参与。况且，供电公司通过报纸公告、现场张贴、发放公众意见征询表、召开座谈会及专家论证会等公众参与形式，市环保局在行政审批过程中在其官方网站对该项目环境影响评价文件受理和拟作出的审批意见进行了公示，并告知申请人、利害关系人："如对项目有异议，可以向被申请人反馈；自公示起 5 日内申请人、利害关系人可以对以上拟作出的建设项目环境影响评价文件批复决定要求听证。"上述内容，依法告知利害关系人如对项目有异议可以向环保局反馈，同时也告知了利害关系人有要求听证的权利，保障了王某等 3 人陈述、申辩及要求听证的权利，符合法律规定。但是本案中，省环保厅在 2016 年 7 月 14 日受理王某等 3 人行政复议申请，于 2106 年 9 月 8 日作出延期审理 30 日的通知书并送达当事人，经听证审查，于 2016 年 10 月 10 日作出行政复议决定书，并于 2016 年 10 月 14 日邮寄送达王某等 3 人、市环保局及第三人。该复议决定事实清楚，适用法律法规正确，但超出法定复议期限才送达王某等 3 人。省环保厅超出法定复议期限送达行政复议决定书的行为属于处理期限轻微违法行为，对王某等 3 人依法享有的重要程序性权利不产生实质性损害，故该行政复议决定程序轻微违法，但不属于可撤销的行政行为。判决确认：省环境保护厅于 2016 年 10 月 10 日作出的行政复议决定违法；驳回王某等 3 人要求撤销关于省电力公司市供电公司 110 千伏输变电工程环境影响报告表的批复的诉讼请求。

二审驳回上诉，维持原判。

案例 2：电网工程项目征收补偿方案已公告，依法不必再举行听证会

案号：（2014）湘高法行终字第 80 号

为满足某市经济发展对电力增长的需求，加强电网结构，增加变电容量，提高供电能力，2011 年 2 月 14 日，市人民政府召开会议专题研究变电站建设有关问题。2011 年 11 月 2 日，省发展和改革委员会作出关于 110 千伏输变电工程项目核准的批复，同意建设 110 千伏输变电工程项目。2013 年 10 月 21 日，该区人民政府发布了关于 110 千伏输变电工程项目房屋征收决定公告，公告内容包含了征收目的、征收范围、征收部门、征收签约期限、征收补偿方案、被征收人权利与义务，并对征收范围和征收补偿方案一并在征收范围内公开张贴，予以公告。原告李某不服，诉至法院。

庭审中，原告李某提出征收补偿方案没有举行听证会，程序明显违法。

一审法院认为，《国有土地上房屋征收与补偿条例》第十一条第二款和该市人民政府的相关规定，对旧城区改建需要征收房屋的，应当组织听证会的情形作出了明确规定，而本案属于因公共基础设施需要征收房屋的情况，相关法律、法规并未规定对此必须组织听证；其次，该省《行政程序规定》第三十八条、第七十四条分别对重大行政决策和行政执法决定作出前应当举行听证会的情形作出了明确规定，而本案的情形也不符合上述规定中所列举的必须举行听证会的情形。因此，被告区人民政府没有举行征收补偿方案的听证会，具有其法定的理由，并无不当，原告李某提出的该项意见法院不予采信。

二审法院认为，本征收项目是由政府组织实施的能源基础设施建设，根据《国有土地上房屋征收与补偿条例》第十条、第十一条的规定，房屋征收部门拟定征收补偿方案后，政府应当组织有关部门对征收补偿方案进行论证并予以公布，征求公众意见。因旧城区改建需要征收房屋，多数被征收人认为征收补偿方案不符合条例规定的，政府应当组织由被征收人和公众代表参加的听证会。本案不是因旧城区改建需要征收房屋，在被上诉人已对征收补偿方案修改意见情况公告的情形下，依法不必再组织由被征收人和公众代表参加的听证会。

案例 3：应当制作环境影响报告表的项目，环评批复前不一定要举行听证会

案号：（2014）宁行初字第 249 号、（2015）苏环行终字第 00002 号

某市供电公司因计划在该市建设包括本案所涉的 110 千伏变电站在

内的 10 项输变电工程，委托有环境影响评价资质的某省电力技术有限公司编制了环境影响报告表。省环保厅经审查，于 2009 年 11 月 23 日作出环评批复，同意市供电公司建设该批输变电工程。2014 年 8 月至 9 月期间，蔡某、张某、陈某以某省环保厅为被告，请求撤销该厅作出的环评批复。

关于被诉环评批复的合法问题，原告提出，变电站地处人文遗迹和居民密集区，该项目引起社会重大关注，属于重大行政许可事项，省环保厅未经听证即作出环评批复，行政程序不合法。

一审法院认为，本案争议所涉变电站为 110 千伏输变电工程，根据《环境影响评价法》第十六条、环境保护部《建设项目环境影响评价分类管理名录》的规定，该项目属于可能造成轻度环境影响的建设项目。现行法律、法规、规章未规定作出此类许可前需进行听证，省环保厅在作出环评批复前未进行听证，并不违反《行政许可法》的强制性规定。某省环保厅作出的环评批复事实清楚、适用法律正确、行政程序合法。判决驳回蔡某、张某、陈某的诉讼请求。二审驳回上诉，维持原判。

二、法律分析

（一）关键法条

1.《行政许可法》

第四十六条 法律、法规、规章规定实施行政许可应当听证的事项，或者行政机关认为需要听证的其他涉及公共利益的重大行政许可事项，行政机关应当向社会公告，并举行听证。

第四十七条 行政许可直接涉及申请人与他人之间重大利益关系的，行政机关在作出行政许可决定前，应当告知申请人、利害关系人享有要求听证的权利；申请人、利害关系人在被告知听证权利之日起五日内提出听证申请的，行政机关应当在二十日内组织听证。 申请人、利害关系人不承担行政机关组织听证的费用。

2.《城乡规划法》

第二十六条 城乡规划报送审批前，组织编制机关应当依法将城乡规划草案予以公告，并采取论证会、听证会或者其他方式征求专家和公众的意见。公告的时间不得少于三十日。 组织编制机关应当充分考虑专家和公众的意见，并在报送审批的材料中附具意见采纳情况及理由。

3.《土地管理法》

第四十七条 国家征收土地的，依照法定程序批准后，由县级以上地方人民政府予以公告并组织实施。

县级以上地方人民政府拟申请征收土地的，应当开展拟征收土地现状调查和社会稳定风险评估，并将征收范围、土地现状、征收目的、补偿标准、安置方式和社会保障等在拟征收土地所在的乡（镇）和村、村民小组范围内公告至少三十日，听取被征地的农村集体经济组织及其成员、村民委员会和其他利害关系人的意见。

多数被征地的农村集体经济组织成员认为征地补偿安置方案不符合法律、法规规定的，县级以上地方人民政府应当组织召开听证会，并根据法律、法规的规定和听证会情况修改方案。

拟征收土地的所有权人、使用权人应当在公告规定期限内，持不动产权属证明材料办理补偿登记。县级以上地方人民政府应当组织有关部门测算并落实有关费用，保证足额到位，与拟征收土地的所有权人、使用权人就补偿、安置等签订协议；个别确实难以达成协议的，应当在申请征收土地时如实说明。

相关前期工作完成后，县级以上地方人民政府方可申请征收土地。

4.《环境影响评价法》

第二十一条 除国家规定需要保密的情形外，对环境可能造成重大影响、应当编制环境影响报告书的建设项目，建设单位应当在报批建设项目环境影响报告书前，举行论证会、听证会，或者采取其他形式，征求有关单位、专家和公众的意见。

建设单位报批的环境影响报告书应当附具对有关单位、专家和公众的意见采纳或者不采纳的说明。

5.《国有土地上房屋征收与补偿条例》（国务院令第 590 号）

第十条 房屋征收部门拟定征收补偿方案，报市、县级人民政府。

市、县级人民政府应当组织有关部门对征收补偿方案进行论证并予以公布，征求公众意见。征求意见期限不得少于 30 日。

第十一条 市、县级人民政府应当将征求意见情况和根据公众意见修改的情况及时公布。

因旧城区改建需要征收房屋，多数被征收人认为征收补偿方案不符合本条例规定的，市、县级人民政府应当组织由被征收人和公众代表参加的听证会，并根据听证会情况修改方案。

6.《环境影响评价公众参与暂行办法》（自 2019 年 1 月 1 日起施行）

第十四条 对环境影响方面公众质疑性意见多的建设项目，建设单位应当按照下列方式组织开展深度公众参与：

（一）公众质疑性意见主要集中在环境影响预测结论、环境保护措施或者环境风险防范措施等方面的，建设单位应当组织召开公众座谈会或者听证会。座谈会或者听证会应当邀请在环境方面可能受建设项目影响的公众代表参加。

（二）公众质疑性意见主要集中在环境影响评价相关专业技术方法、导则、理论等方面的，建设单位应当组织召开专家论证会。专家论证会应当邀请相关领域专家参加，并邀请在环境方面可能受建设项目影响的公众代表列席。

建设单位可以根据实际需要，向建设项目所在地县级以上地方人民政府报告，并请求县级以上地方人民政府加强对公众参与的协调指导。县级以上生态环境主管部门应当在同级人民政府指导下配合做好相关工作。

（二）地方法规参考

《浙江省城乡规划条例》（自 2010 年 10 月 1 日起施行）

第二十八条 规划许可直接涉及申请人与他人之间重大利益关系的，规划许可机关在作出规划许可决定前，应当将许可内容、申请人和利害关系人享有的权利等事项在政府门户网站和建设项目现场等场所进行公告，公告期限不少于十日。

申请人、利害关系人对许可事项提出异议的，规划许可机关应当研究处理，并及时回复处理结果。申请人、利害关系人在法定期限内提出听证要求的，规划许可机关应当组织听证。

规划许可机关应当自作出规划许可决定之日起十五日内，将许可内容在政府门户网站和建设项目现场等场所向社会公布。

（三）要点简析

1. 举行听证会的条件

根据《行政许可法》第四十六条和第四十七条规定，电网工程如果涉及法律、法规、规章规定实施行政许可应当听证的事项，或者行政机关认为需要听证的其他涉及公共利益的重大行政许可事项，行政机关应当向社会公告，并举行听证。行政许可直接涉及申请人与他人之间重大利益关系的，行政机关在作出行政许可决定前，应当告知申请人、利害关系人享有要求听证的权利；申请人、利害关系人在被告知听证权利之日起五日内提出听证申请的，行政机关应当在二十日内组织听证。申请人、利害关系人不承担行政机关组织听证的费用。环境影响评价公众参与程序如图 9-1 所示。

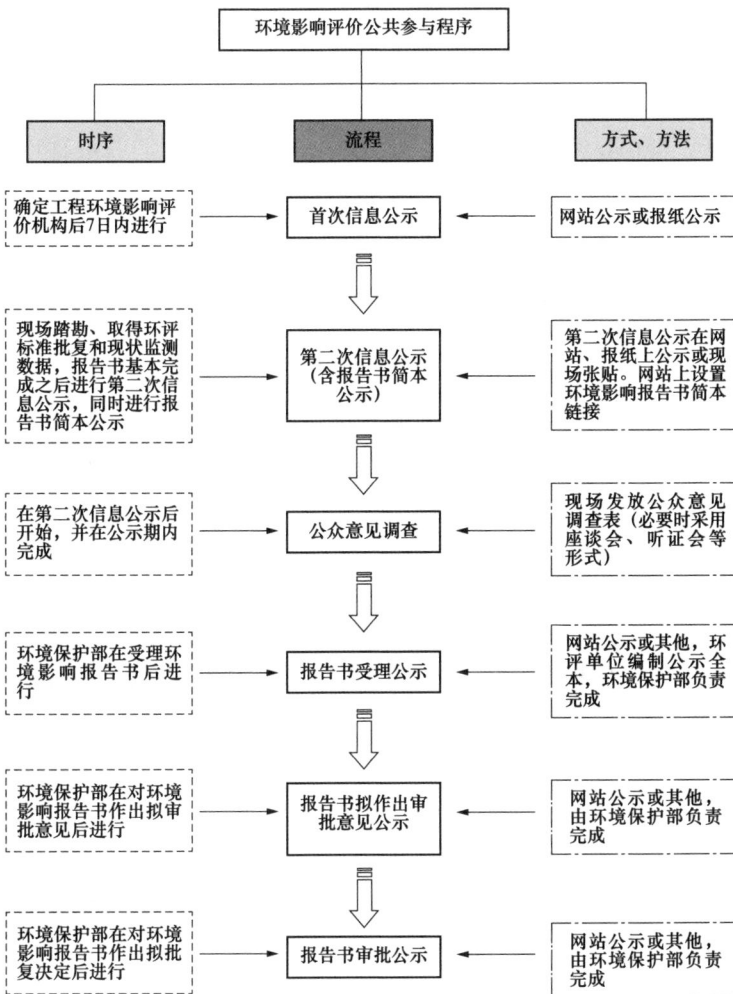

图 9-1 环境影响评价公众参与程序

2. 听证会的主体

组织主体：电网工程项目涉及的听证会由政府机关负责组织。

申请主体：供电企业和相关利害关系人均可依法提出申请。

3. 听证会的程序

根据《行政许可法》第四十八条规定，听证按照下列程序进行：①行政机关应当于举行听证的七日前将举行听证的时间、地点通知申请人、利害关系人，必要时予以公告；②听证应当公开举行；③行政机关应当指定审查该行政许可申请的工作人员以外的人员为听证主持人，申请人、利害关系人认为主持人与该行政许可事项有直接利害关系的，有权申请回避；④举行听证时，审查该行政许可申请的工作人员应当提供审查意见的证据、理由，申请人、利害关系人可以提出证据，并进行申辩和质证；⑤听证应当制作笔录，听证笔录应当交听证参加人确认无误后签字或者盖章。行政机关应当根据听证笔录，作出行政许可决定。

三、防范要点

依据我国行政许可法的规定，并不是所有的行政许可都需要举行听证，行政许可听证只适用法律规定应该听证的事项。听证程序是行政机关作出行政行为前给当事人就重要事实表示意见的机会，通过公开、公正、民主的方式达到行政目的的程序。电网项目所需办理的行政许可哪些需要举行听证，是前期工作人员的主要困惑之一。现将电网项目前期各环节是否应当举行听证会的法律法规梳理如下：

1. 项目选址意见书和项目核准听证的要求应关注地方规定

根据《城乡规划法》和《企业投资项目核准和备案管理办法》，城乡规划报送审批前，组织编制机关应当依法将城乡规划草案予以公告，并采取论证会、听证会或者其他方式征求专家和公众的意见。对需要核准的电网项目申请选址意见书、项目核准前是否应当举行听证会没有要求。但是如果地方法规有规定，或者利害关系人提出听证要求的，有关机关还是应当组织听证。如《浙江省城乡规划条例》第二十八条规定，申请人、利害关系人对许可事项提出异议的，规划许可机关应当研究处理，并及时回复处理结果。申请人、利害关系人在法定期限内提出听证要求的，规划许可机关应当组织听证。

2. 群众意见较大的征地补偿方案应当举行听证会

根据《土地管理法》第四十七条第三款,多数被征地的农村集体经济组织成员认为征地补偿安置方案不符合法律、法规规定的,县级以上地方人民政府应当组织召开听证会,并根据法律、法规的规定和听证会情况修改方案。

3. 需报批环境影响评价书的电网项目应举行听证会

根据《环境影响评价法》第二十一条,应当编制环境影响报告书的建设项目,建设单位应当在报批建设项目环境影响报告书前,举行论证会、听证会,或者采取其他形式,征求有关单位、专家和公众的意见。

根据《建设项目环境保护分类管理名录》,需要制作环评报告书的类别,在 2015 年和 2017 年的版本中均为"500 千伏及以上;涉及环境敏感区的 330 千伏及以上"其他(不含 100 千伏以下)为制作环评报告表的项目。2015 年和 2017 年目录还明确了"100 千伏以下"不需要制作环境影响报告表。

如本节所收集的 3 个 110 千伏的案例,法院均认可 110 千伏输变电工程项目为编制环境影响报告表项目,法律法规并未强制规定在编制环境影响评价文件中必须举行听证会。

4. 环境影响质疑较多的电网项目应举行听证会

从 2019 年 1 月 1 日开始,根据《环境影响评价公众参与暂行办法》第十四条规定,500 千伏以下、不需要制作环境影响报告书的电网项目,如果公众对环境影响方面质疑性意见多,且公众质疑性意见主要集中在环境影响预测结论、环境保护措施或者环境风险防范措施等方面的,供电企业应当组织召开公众座谈会或者听证会。座谈会或者听证会应当邀请在环境方面可能受建设项目影响的公众代表参加。

5. 电网工程项目涉及房屋征收无听证要求

根据《国有土地上房屋征收与补偿条例》国务院令第 590 号第十条、第十一条规定,因旧城区改建需要征收房屋,多数被征收人认为征收补偿方案不符合本条例规定的,市、县级人民政府应当组织由被征收人和公众代表参加的听证会,并根据听证会情况修改方案。

如本节案例 2,法院认为,国务院第 590 号令第十一条第二款和市人民政府第 116 号令第十五条第二款对旧城区改建需要征收房屋的,应当组织听证会的情形作出了明确规定，110 千伏电网项目是由政府组织实施的能源基础设施建设，不是因旧城区改建需要征收房屋，根据国务院 590 号令第十条、第十一条的规定，房屋征收部门拟定征收补偿方案后，政府应当组织有关部门对征收补偿方案进行论证并予以公布，征求公众意见。在已对征收补偿方案修改意见情况公告的情形下，依法不必再组织由被征收人和公众代表参加的听证会。

6. 所有行政许可的利害关系人均可依法申请听证

以上五点梳理了行政许可听证的法定要求，即法律、法规、规章对电网工程项目规定实施行政许可应当听证的事项。此外，如果行政许可直接涉及申请人与他人之间重大利益关系，申请人、利害关系人在被告知听证权利之日起五日内提出听证申请的，行政机关应当在二十日内组织听证。即除了法定要求的听证外，所有行政许可公告后，如果利害关系人在公告时获知许可事项，并在有效期内提出听证申请的，行政机关应当组织听证。未在有效期内申请听证的，行政许可未安排组织实施听证即属合法。

第四节　以环保和规划信息公开等反复诉讼，构成滥用诉权

一、参考案例

案例 1：220 千伏变电所周边村民要求全体拆迁且反复诉讼，构成滥用诉权

案号：（2017）浙 0482 行初 3 号

从 2015 年 4 月份开始，某地村民认为某 220 千伏高压变电所和输电线路的电磁环境影响对人体有害，向市人民政府和电力部门提出给予 1～24 号村民全体拆迁，买断养老金并赔偿健康损失或者迁移变电所的要求。2016 年 6 月 24 日原告姜某以村民代表的名义向被告供电公司申请政府信息公开，申请内容为：①该变电所共安装了几台主变压器；②后来扩建的几台主变压器是否经过批准，如批准请公开扩建的前期文件和核准文件等。被告供电公司于 2016 年 7 月 13 日答复称，申请人申请

获取的信息不属于被告在提供社会公共服务过程中制作、获取的信息。根据《中华人民共和国政府信息公开条例》第三十七条的规定，不属于被告可公开的信息范畴。原告诉至法院。法院依职权向被告供电公司调取了下列文件：该市历史遗留变电项目环境现状监测调查报告的意见、220 千伏送出线工程环境影响报告表的批复、建设项目环境影响评价文件审批意见书等 8 份材料，证明 220 千伏共建变项目符合环境安全要求，扩建工程环境影响评价初步结论为各项指标均能符合环境保护的要求。

法院认为，法律法规未赋予公民、法人或其他组织对供电企业的信息公开行为提起行政诉讼的权利，而是根据供电企业的性质按照企业管理的模式赋予了相对方进行投诉的权利及途径。因此，原告诉请的被告供电公司信息公开行为并非行政诉讼的受案范围。原告以各种形式将三级政府及部门引入多次诉讼。据不完全统计，上述 6 家法院受理其提起的政府信息公开案件就多达 17 件。原告不当的申请和起诉均未获人民法院的支持，而其仍然频繁提起行政复议和行政诉讼，已经使有限的公共资源在维护个人利益与他人利益、公共利益之间有所失衡。裁定驳回原告姜某等 24 人的起诉。

案例 2：信息公开无论如何答复均提起复议和诉讼，构成滥用诉权

案号：（2019）最高法行申 2750 号

2016 年 5 月 11 日，汤某等 12 人通过 EMS 快递的形式向某省人民政府递交分别以省政府、市政府为被申请人的两份行政复议申请书，分别请求确认省政府、市政府督促房屋征收部门对各类无产权房屋进行重新认定的行政乱作为行为违法，并就责令督促的情况对其书面答复。同年 5 月 16 日，省政府收到汤某等 12 人的行政复议申请后，于同月 18 日对其作出书面告知，认为汤某等 12 人任凭主观意愿，执意、不断、大量制造行政复议案件，借此表达不满情绪，有违行政复议正当性，有悖诚实信用原则，构成滥用行政复议权，故对其提出的两份行政复议申请不予处理。汤某等 12 人不服，提起本案行政诉讼。

一审法院认为：行政机关的法定职责包括法律、法规、规章及其他规范性文件规定的职责。汤某等 12 人向省政府递交分别以省、市两级政府为被申请人的两份行政复议申请书，其请求事项不属于省、市两级政府的法定职责，某省政府对其复议申请不予处理，对其权利义务未产生

实际影响。因此，汤某等 12 人的诉请事项不属于行政诉讼受案范围。据此，一审法院裁定驳回汤某等 12 人的起诉。汤某等 12 人不服一审裁定向省高级人民法院提起上诉。

二审法院认为：汤某等 12 人因为当地征地问题，就征地环节的各个行为向三级政府及其职能部门提起了大量、多轮处理诉请，并相应都提起了行政复议和诉讼。汤某等 12 人向省、市两级政府提起的履职诉请及其后向省政府提起的复议申请，实质是申诉信访。申诉信访事项依法不属于行政诉讼受案范围，上诉人的起诉不符合起诉条件。二审裁定驳回上诉，维持原裁定。汤某等 12 人仍不服，向最高人民法院申请再审。

最高人民法院认为：再审申请人汤某等 12 人因为当地征地问题，就征地环节的各个行为向三级政府及其职能部门反复、多次提起处理诉请，且无论政府部门如何答复，其均会提起行政复议和诉讼，其行为已偏离了行政复议和诉讼制度的设立初衷，其起诉丧失了诉权行使的必要性和正当性。裁定驳回再审申请。

二、法律分析

（一）关键法条和文件依据

《最高人民法院关于进一步保护和规范当事人依法行使行政诉权的若干意见》（2017 年 9 月 14 日发布）

10．要引导当事人依法行使诉权，对于没有新的事实和理由，针对同一事项重复、反复提起诉讼，或者反复提起行政复议继而提起诉讼等违反"一事不再理"原则的起诉，人民法院依法不予立案，并向当事人说明不予立案的理由。当事人针对行政机关未设定其权利义务的重复处理行为、说明性告知行为及过程性行为提起诉讼的，人民法院依法不予立案，并向当事人做好释明工作，避免给当事人造成不必要的诉累。

15．要依法制止滥用诉权、恶意诉讼等行为。滥用诉权、恶意诉讼消耗行政资源，挤占司法资源，影响公民、法人和其他组织诉权的正常行使，损害司法权威，阻碍法治进步。对于以危害国家主权和领土完整、危害国家安全、破坏国家统一和民族团结、破坏国家宗教政策为目的的起诉，人民法院依法不予立案；对于极个别当事人不以保护合法权益为目的，长期、反复提起大量诉讼，滋扰行政机关，扰乱诉讼秩序的，人民法院依法不予立案。

17. 在认定滥用诉权、恶意诉讼的情形时，应当从严掌握标准，要从当事人提起诉讼的数量、周期、目的以及是否具有正当利益等角度，审查其是否具有滥用诉权、恶意诉讼的主观故意。对于属于滥用诉权、恶意诉讼的当事人，要探索建立有效机制，依法及时有效制止。

（二）要点简析

1. 供电企业的信息公开行为非行政诉讼的受案范围

本节案例1中，法院认为原告要求被告供电公司公开的是非社会公共服务过程中制作、获取的信息，被告的答复并无不当。即使原告向被告申请的是社会公共服务过程中制作、获取信息，国家能源局作为供电企业的国务院主管部门，其制定的《供电企业信息公开实施办法》（国能监管〔2014〕149号）应当作为供电企业信息公开的直接及主要依据。在该《供电企业信息公开实施办法》中，针对供电企业未按规定公开有关信息行为的处理方式和程序体现在其第十四条第（四）项和第十五条。第十四条第（四）项系内部监督"供电企业未按照本办法公开有关信息或者公开虚假信息的，国务院能源主管部门及其派出机构依法追究其责任"；第十五条系外部处理"公民、法人或者其他组织认为供电企业不依法履行信息公开义务的，可以拨打电话或发送短信至投诉举报热线12398向国务院能源主管部门及其派出机构投诉"，上述规定均未赋予公民、法人或其他组织对供电企业的信息公开行为提起行政诉讼的权利，而是根据供电企业的性质按照企业管理的模式赋予了相对方进行投诉的权利及途径。因此，原告诉请的被告供电公司信息公开行为并非行政诉讼的受案范围。

2. 长期、反复提起大量诉讼构成滥用诉权

公民在行使权利的时候，不得损害国家的、社会的、集体的利益和其他公民的合法权益。近年来，在依法保障当事人诉权的同时，也出现了滥用诉权的情形，不仅浪费司法资源，而且侵害了第三人的合法权益以及诉讼秩序。

从诉讼目的来看，滥用诉权主要表现为两种形式。一是恶意诉讼，当事人知道或者应当知道自己的诉讼主张缺乏事实或法律依据，但为了实现自己不正当的利益或损害他人合法利益的目的而提起的诉讼行为。恶意诉讼一般包括假意诉讼、欺诈诉讼、骚扰诉讼等形式。二是不正当行使诉权，当事人出于故意或者重大过失，缺乏合理的根据，纠缠法院和相对方当事人，从而造成不必要的人力和财力浪费的行为。

根据《最高人民法院关于进一步保护和规范当事人依法行使行政诉权的若干意见》，对于极个别当事人不以保护合法权益为目的，长期、反复提起大量诉讼，滋扰行政机关，扰乱诉讼秩序的，人民法院依法不予立案。如本节案例 1，原告就同一内容或内容近似的事项共提起信访事项 2 起、信息公开 13 起、行政复议 10 起、行政诉讼 17 起。案例 2 的原告因为当地征地问题向三级政府及其职能部门反复、多次提起处理诉请，且无论政府部门如何答复，其均会提起行政复议和诉讼。原告频繁提起行政复议和行政诉讼，已经使有限的公共资源在维护个人利益与他人利益、公共利益之间有所失衡。原告此种行使诉权的方式，超越了权利行使的界限，亦有违诚实信用原则，其行为已偏离了行政复议和诉讼制度的设立初衷，构成了诉讼权利的滥用。

三、防范重点

1. 供电企业应做好电网规范建设过程中的群众劝解疏导、宣传教育工作

电力是关系国计民生的基础产业，电力供应和安全事关国家安全战略，事关经济社会发展全局。只有加强城乡电网建设改造力度，才能建成城乡统筹、安全可靠、经济高效、技术先进、环境友好、与小康社会相适应的现代化电网，为经济社会发展提供源源不断的能源供应。但输变电工程在输送电能的同时，也给沿线居民的用益物权等产生了一定的影响，由此产生的信访和诉讼不在少数。供电企业应加强政策研究和突发事件防范，对于滥用诉权的行为要采取劝解疏导、宣传教育的方式引导当事人自觉维护诉讼秩序，合理表达诉求。

2. 供电企业应增强防范意识，加强法律专业研究

诉讼制度不是玩弄诉讼技巧的载体，也不是谋取不当利益的工具。诉权是保障权利的渠道，是维护公平正义的利器。供电企业作为被牵入

诉讼程序的当事人,不能以为对方诉讼不实或者缺乏事实和理由而轻视,应当通过法律专业人士的参与积极应诉,及时发现可能存在的诉讼陷阱,采取必要的维权措施。供电企业在处理案件时遇有诉讼人滥用诉权行为的,应加强与法院的沟通。如果对正常生产经营秩序造成了损害结果的,供电企业可以提起新的侵权之诉。

后　记

电网规划建设具有投资大、规模大、技术密集等特征，开展好电网规划建设关乎全社会协调、绿色、安全、可持续发展和人民生活改善。电网规划建设的过程是一个不断协调行政和民事矛盾的过程。供电企业开展电网规划建设既要维护与政府职能机构的沟通，也要保持与中介机构的协调，还要做好与受偿主体的合作，依法合规是完成这些工作最基本的法律保障。本书编写历时半年，在耗费大量精力的同时，也让笔者更加理解电网规划、工程前期专业工作的艰辛，更加深刻地体会到专业法律保障的重要性。

感谢云南电网公司汪飞先生、国网北京市电力公司的徐厚华先生为本书审稿。两位老师在异常繁忙的业务工作之余认真审阅了初稿，在案例选取、行文方式等方面提出了很好的建议。两位老师严谨的治学态度和工作作风值得钦佩。

感谢我的同事姚欢、林芳、陈奇、袁忠华、徐建平在本书成稿过程中给予的帮助。本书的编写得到了国网衢州供电公司领导、同事和家人的理解与支持，借此机会一并表示感谢。

法律的生命在于实施，"以案学法"是实践法学的不二路径。本书在案例上陈、法条下析方面作出了一些努力，但在法理解析方面还有欠缺。笔者将在后续专题的编写过程中不断改进与完善。

附录 1　相关法律、法规和政策文件

一、法律

1.《民法通则》，经 1986 年 4 月 12 日第六届全国人民代表大会第四次会议通过，自 1987 年 1 月 1 日起施行，于 2009 年 8 月 27 日修正。

2.《民法总则》，2017 年 3 月 15 日第十二届全国人民代表大会第五次会议通过《中华人民共和国民法总则》。《中华人民共和国民法通则》《中华人民共和国民法总则》是对民事活动中一些共同性问题所作的法律规定，是民法体系中的一般法。

3.《物权法》2007 年 3 月 16 日第十届全国人民代表大会第五次会议通过。

4.《侵权责任法》2009 年 12 月 26 日第十一届全国人民代表大会常务委员会第十二次会议通过。自 2010 年 7 月 1 日起施行。

5.《行政诉讼法》根据 2017 年 6 月 27 日第十二届全国人民代表大会常务委员会第二十八次会议《关于修改〈中华人民共和国民事诉讼法〉和〈中华人民共和国行政诉讼法〉的决定》第二次修正。

6.《行政许可法》根据 2019 年 4 月 23 日第十三届全国人民代表大会常务委员会第十次会议《关于修改〈中华人民共和国建筑法〉等八部法律的决定》修正。

7.《国家赔偿法》根据 2012 年 10 月 26 日第十一届全国人民代表大会常务委员会第二十九次会议《关于修改〈中华人民共和国国家赔偿法〉的决定》第二次修正。

8.《城乡规划法》根据 2019 年 4 月 23 日第十三届全国人民代表大会常务委员会第十次会议《关于修改〈中华人民共和国建筑法〉等八部法律的决定》第二次修正。

9.《土地管理法》根据 2019 年 8 月 26 日第十三届全国人民代表大会常务委员会第十二次会《关于修改〈中华人民共和国土地管理法〉〈中华人民共和国城市房地产管理法〉的决定》第三次修正。

10.《环境影响评价法》根据 2018 年 12 月 29 日第十三届全国人民代表大会常务委员会第七次会议《关于修改〈中华人民共和国劳动法〉等七部法律的决定》第二次修正。

11.《水土保持法》1991 年 6 月 29 日第七届全国人民代表大会常务委员会第二十次会议通过。2010 年 12 月 25 日第十一届全国人民代表大会常务委员会第十八次会议修订。

12.《文物保护法》根据 2017 年 11 月 4 日第十二届全国人民代表大会常务委员会第三十次会议《关于修改〈中华人民共和国会计法〉等十一部法律的决定》第五次修正。

二、法规

1.《土地管理法实施条例》根据 2014 年 7 月 29 日《国务院关于修改部分行政法规的决定》第二次修订。

2.《政府信息公开条例》自 2008 年 5 月 1 日起施行。

3.《国有土地上房屋征收与补偿条例》（国务院令第 590 号）2011 年 1 月 21 日起施行。

4.《电力设施保护条例实施细则》2011 年 6 月 30 日修订。

三、部门规章

1.《建设项目环境影响评价文件分级审批规定》（环境保护部令第 5 号），自 2009 年 3 月 1 日起施行。

2.《政府核准投资项目管理办法》自 2014 年 6 月 14 日起施行。被《企业投资项目核准暂行办法》（国家发展和改革委员会第 19 号令）予以废止。

3.《建设项目环境保护分类管理名录（试行）》（环发〔1999〕99 号），1999 年 4 月 19 日公布。

4.《建设项目环境保护分类管理名录》（国家环境保护总局令第 14 号），自 2003 年 1 月 1 日起施行。

5.《建设项目环境影响评价分类管理名录》（环境保护部令第 2 号），自 2008 年 10 月 1 日起施行。

6.《建设项目环境影响评价分类管理名录》（环境保护部令第 33 号），

自 2015 年 6 月 1 日起施行。

7.《建设项目环境影响评价分类管理名录》（环境保护部令第 44 号），自 2017 年 9 月 1 日起施行。

8.《关于修改〈建设项目环境影响评价分类管理名录〉部分内容的决定》，2018 年 4 月 28 日生态环境部令第 1 号。

9.《企业投资项目核准和备案管理办法》，自 2017 年 4 月 8 日起施行。

10.《建设项目选址规划管理办法》（建规〔1991〕583 号）。

11.《建设项目用地预审管理办法》，根据 2016 年 11 月 25 日《国土资源部关于修改〈建设项目用地预审管理办法〉的决定》第二次修正。

12.《国家级森林公园管理办法》，自 2011 年 8 月 1 日起施行。

13.《环境影响评价公众参与暂行办法》，自 2019 年 1 月 1 日起施行。

四、地方法规

1.《浙江省城乡规划条例》，2011 年 12 月 13 日修订。

2.《山西省城乡规划条例》，2010 年 1 月 1 日起施行。

3.《黑龙江省电力设施建设与保护条例》，2009 年 6 月 1 日起施行。

4.《河北省电力条例》，2014 年 8 月 1 日起施行。

5.《江苏省电力保护条例》，2008 年 5 月 1 日起施行。

6.《浙江省电网设施建设保护和供用电秩序维护条例》，自 2014 年 7 月 1 日起施行。

五、司法解释

1.《最高人民法院关于民事诉讼证据的若干规定》2002 年 4 月 1 日起施行。

2.《最高人民法院关于适用〈中华人民共和国行政诉讼法〉的解释》（法释〔2018〕1 号）。

3.《最高人民法院关于进一步保护和规范当事人依法行使行政诉权的若干意见》，2017 年 9 月 14 日发布。

4.《最高人民法院关于执行〈中华人民共和国行政诉讼法〉若干问题的解释》（法释〔2000〕8 号）。

5.《最高人民法院关于适用〈中华人民共和国民法总则〉诉讼时效

制度若干问题的解释》（法释〔2018〕12号）。

6.《最高人民法院关于审理涉及农村集体土地行政案件若干问题的规定》（法释〔2011〕20号）。

六、政策文件

1.《国务院法制办公室关于依法做好征地补偿安置争议行政复议工作的通知》（国法〔2011〕35号）。

2.最高人民法院《关于坚决防止土地征收、房屋拆迁强制执行引发恶性事件的紧急通知》2011年9月9日发布。

3.最高人民法院《关于在征收拆迁案件中进一步严格规范司法行为、积极推进"裁执分离"的通知》（法〔2014〕191号）。

4.《关于统一实行建设用地规划许可证和建设工程规划许可证的通知》（建规（1990）第66号）。

5.《住房城乡建设部国家保密局关于印发〈住房城乡建设工作国家秘密范围的规定〉的通知》（建办〔2017〕36号）。

6.《关于建设工作中国家秘密及其密级具体范围的规定》（建办〔1997〕49号）。

7.《关于禁止侵犯商业秘密行为的若干规定》（1998年12月3日修正，国家工商行政管理局发布）。

8.《关于高压送变电设施环境影响评价适用标准的复函》（环函〔2004〕253号）。

9.《国土资源部办公厅关于建设项目用地预审意见有效期有关问题的复函》（国土资厅函〔2017〕641号）。

10.《国务院关于发布政府核准的投资项目目录（2016年本）的通知》（国发〔2016〕72号）。

11.《中央办公厅、国务院办公厅关于建立健全重大决策社会稳定风险评估机制的指导意见（试行）》（中办发〔2012〕2号）。

12.国务院办公厅关于全面开展工程建设项目审批制度改革的实施意见（国办发〔2019〕11号）。

13.自然资源部《关于推进建设用地审批和城乡规划许可"多审合一"改革的通知（征求意见稿）》2019年4月17日。

14．关于印发《输变电建设项目重大变动清单（试行）》的通知（环办辐射〔2016〕84 号）。

15．河南省实施《中华人民共和国城乡规划法》办法。

16．《浙江省重大决策社会风险评估实施办法》（浙委办发〔2019〕53 号）。

17．《浙江省建设项目选址规划管理办法》（浙建〔2016〕9 号）。

18．《生态环境部审批环境影响评价文件的建设项目目录》（2019 年本）。

19．《关于居民楼内生活服务设备产生噪音适用环境保护标准问题的复函》（环函〔2011〕88 号）。

七、国家标准

1．《110 千伏—750 千伏架空输电线路设计规范》（GB 50545—2010）。

2．《电磁环境控制限值》（GB 8702—2014）。

3．《环境影响评价技术导则　输变电工程》（HJ24—2014）。

4．《环境影响评价技术导则　输变电工程》（HJ24—2019）（征求意见稿）。

5．《环境影响评价技术导则声环境》（HJ2.4—2009）。

6．《环境影响评价技术导则　生态影响》（HJ19—2011）。

7．《500 千伏超高压送变电工程电磁辐射环境影响评价技术规范》（HJ/T 24—1998）。

8．《住宅设计规范》（GB 50096—2011）。

八、参考资料

《环境健康准则：极低频场》。

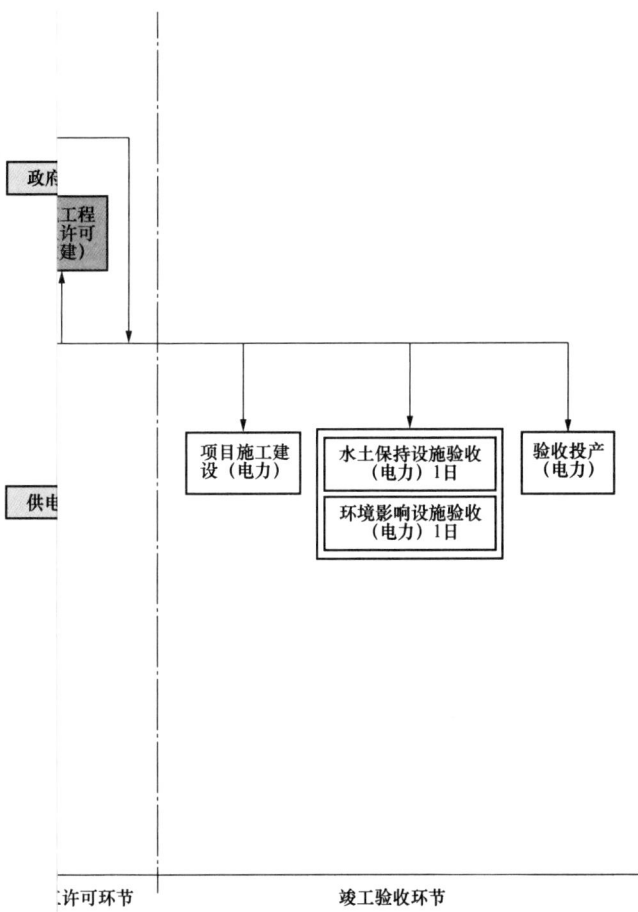

政府

工程
许可
建)

供电

项目施工建
设（电力）

水土保持设施验收
（电力）1日

环境影响设施验收
（电力）1日

验收投产
（电力）

许可环节　　　　　　　　　竣工验收环节

附录2 某市电网基建项目审批流程图（线路工程）

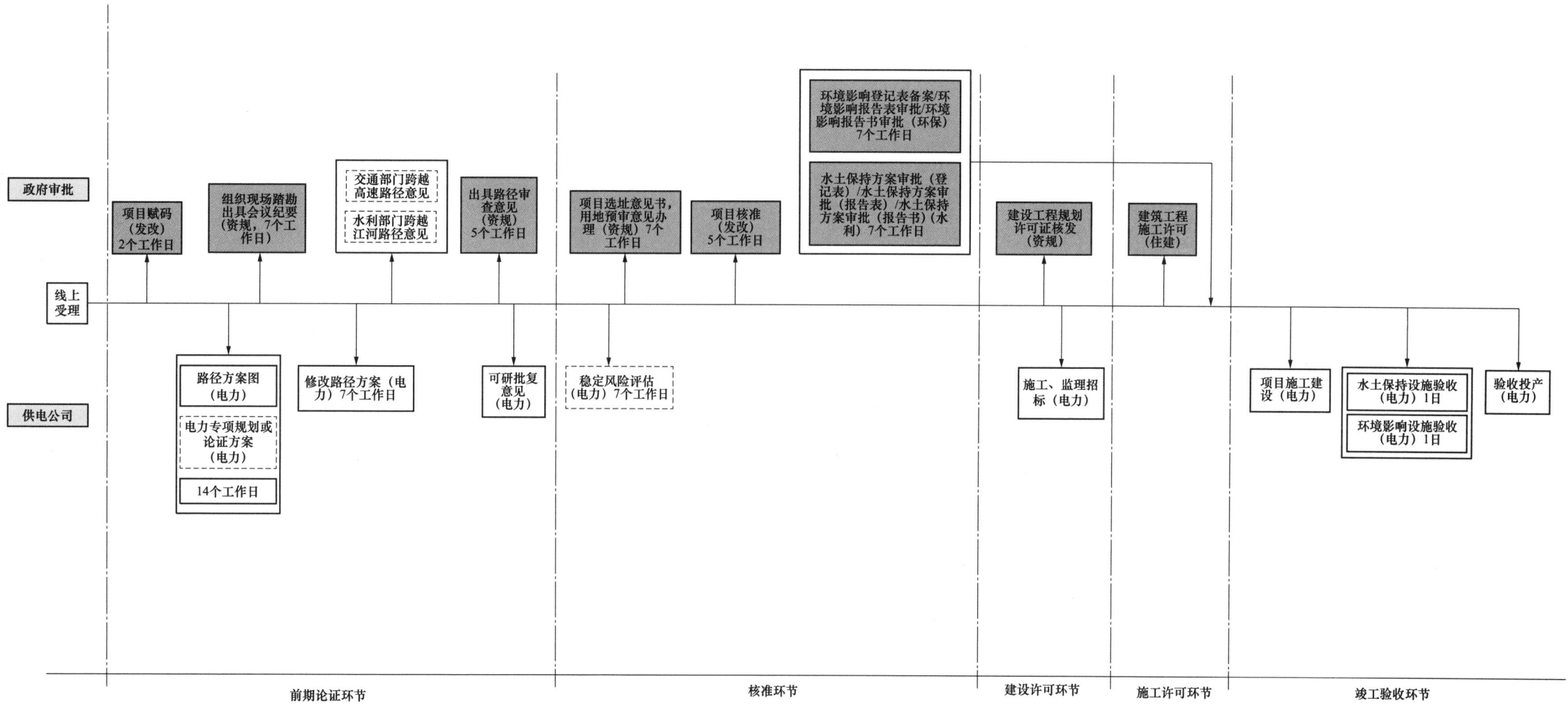

政府审批

| 项目赋码（发改）2个工作日 | 组织现场踏勘出具会议纪要（资规，7个工作日） | 交通部门跨越高速路径意见 / 水利部门跨越江河路径意见 | 出具路径审查意见（资规）5个工作日 | 项目选址意见书，用地预审意见办理（资规）7个工作日 | 项目核准（发改）5个工作日 | 环境影响登记表备案/环境影响报告表审批/环境影响报告书审批（环保）7个工作日 / 水土保持方案审批（登记表）/水土保持方案审批（报告表）/水土保持方案审批（报告书）（水利）7个工作日 | 建设工程规划许可证核发（资规） | 建筑工程施工许可（住建） |

线上受理

供电公司

- 路径方案图（电力） / 电力专项规划或论证方案（电力） / 14个工作日
- 修改路径方案（电力）7个工作日
- 可研批复意见（电力）
- 稳定风险评估（电力）7个工作日
- 施工、监理招标（电力）
- 项目施工建设（电力）
- 水土保持设施验收（电力）1日 / 环境影响设施验收（电力）1日
- 验收投产（电力）

前期论证环节 | 核准环节 | 建设许可环节 | 施工许可环节 | 竣工验收环节

附录 3　某市电网基建项目审批流程图（含建筑物）

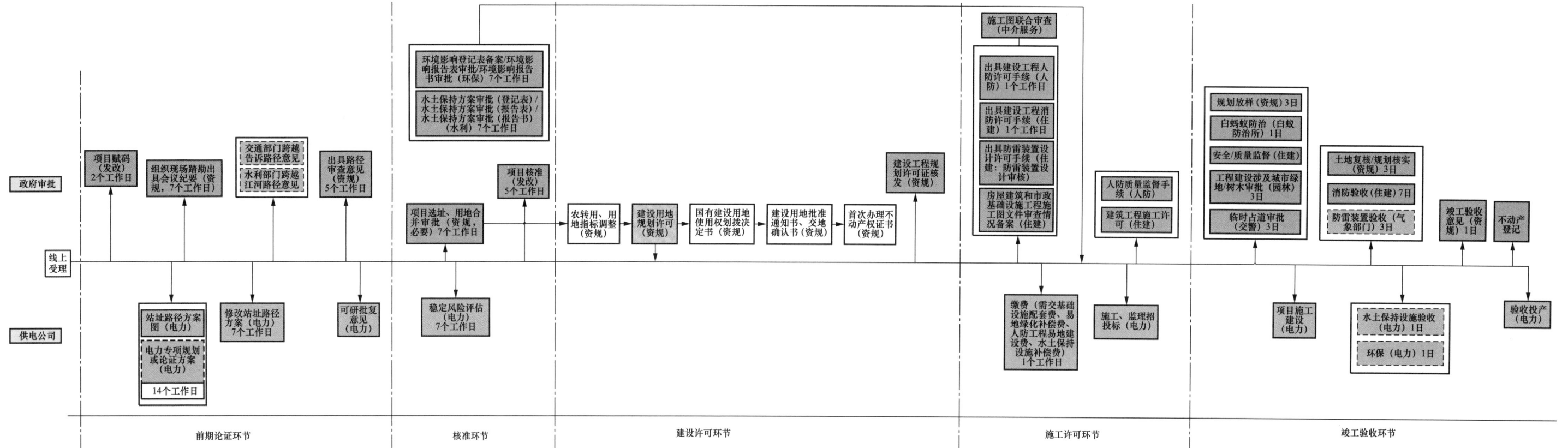

政府审批

| 前期论证环节 | 核准环节 | 建设许可环节 | 施工许可环节 | 竣工验收环节 |

政府审批

- 项目赋码（发改）2个工作日
- 组织现场踏勘出具会议纪要（资规），7个工作日
- 交通部门跨越告诉路径意见／水利部门跨越江河路径意见
- 出具路径审查意见（资规）5个工作日
- 环境影响登记表备案/环境影响报告表审批/环境影响报告书审批（环保）7个工作日／水土保持方案审批（登记表）/水土保持方案审批（报告表）/水土保持方案审批（报告书）（水利）7个工作日
- 项目核准（发改）5个工作日
- 建设工程规划许可证核发（资规）
- 施工图联合审查（中介服务）
- 出具建设工程人防许可手续（人防）1个工作日
- 出具建设工程消防许可手续（住建）1个工作日
- 出具防雷装置设计许可手续（住建：防雷装置设计审核）
- 房屋建筑和市政基础设施工程施工图文件审查情况备案（住建）
- 人防质量监督手续（人防）
- 建筑工程施工许可（住建）
- 规划放样（资规）3日
- 白蚁防治（白蚁防治所）1日
- 安全/质量监督（住建）
- 工程建设涉及城市绿地/树木审批（园林）3日
- 临时占道审批（交警）3日
- 土地复核/规划核实（资规）3日
- 消防验收（住建）7日
- 防雷装置验收（气象部门）3日
- 竣工验收意见（资规）1日
- 不动产登记

项目选址、用地合并审批（资规，必要）7个工作日　农转用、用地指标调整（资规）　建设用地规划许可（资规）　国有建设用地使用权划拨决定书（资规）　建设用地批准通知书、交地确认书（资规）　首次办理不动产权证书（资规）

线上受理

供电公司

- 站址路径方案图（电力）／电力专项规划或论证方案（电力）14个工作日
- 修改站址路径方案（电力）7个工作日
- 可研批复意见（电力）
- 稳定风险评估（电力）7个工作日
- 缴费（需交基础设施配套费、易地绿化补偿费、人防工程易地建设费、水土保持设施补偿费）1个工作日
- 施工、监理招投标（电力）
- 项目施工建设（电力）
- 水土保持设施验收（电力）1日／环保（电力）1日
- 验收投产（电力）